Gartenmomente

BALKON GARTEN

EMF

EIN BUCH DER
EDITION MICHAEL FISCHER

INHALTSVERZEICHNIS

VORWORT

Nahrungsmittel selbst zu produzieren, ist Wunsch und zugleich Trend geworden. Kaum verwunderlich – nach vielen Lebensmittelskandalen, dem starken Einsatz von Pestiziden in der Landwirtschaft und der oftmals geringen Vielfalt im Supermarkt. Wer schon häufiger auf der Suche nach den liebsten Kräutern verzweifelt ist, tut gut daran, selbst zu Schaufel und Erde zu greifen. Mit der Entscheidung, eigene Kräuter, Obst und Gemüse anzupflanzen, eröffnet sich eine ganz neue und spannende Welt!

Sicher wirst du auf dem Balkon nicht alles selbst und schon gar nicht in größeren Mengen anbauen können. Doch letztlich ist es weniger wichtig, wie viel man erntet, sondern dass man es tut. Den Pflanzen beim Wachsen zuzusehen, beruhigt die Sinne und der Geschmack der eigenen Ernte ist unvergesslich. Ganz gleich, ob auf einem Fenstersims in Niederntudorf oder dem Altbaubalkon in Berlin: Sicher ist, Gärtnern sorgt für Spaß und Spannung!

Mal geht ein zartes Pflänzchen ein, mal fällt die ersehnte Ernte trotz liebevoller Pflege gering aus. Kleine Niederlagen gehören einfach dazu. Dieses Buch soll dich inspirieren und dir helfen, deinen Balkon in eine kulinarische Stadtoase zu verwandeln, jedoch keine Patentrezepte geben. Von der Anzucht bis zur Ernte sammelt jeder wichtige Erfahrungen und lernt viel aus seinen Fehlern. Ein paar davon kann man vermeiden – dabei hilft dir dieses Buch!

GRUNDLAGEN BALKON-GÄRTNERN

„GARTENPLANUNG"
AUF KLEINER FLÄCHE

Für den Anbau von knackigem Gemüse, aromatischen Kräutern und süßen Früchten braucht man kein großes Gemüsebeet. Viele Pflanzen lassen sich in Gefäßen auf dem Fensterbrett, in einer Ecke des Hinterhofs oder auf Balkon und Terrasse kultivieren. Zwar wird man als Topfgärtner nicht alles selbst anbauen können, doch Kräuter spontan zu ernten und der Zucchini beim Wachsen zuzusehen, bereitet große Freude.

MASS NEHMEN

Wer seinen Platz zum Gärtnern gefunden hat, sollte ihn genauer unter die Lupe nehmen. Wie viel Platz für Tisch und Stühle oder eine Hängematte sowie Pflanzen und Gefäße tatsächlich vorhanden ist, zeigt sich, wenn man einmal Maß nimmt. Um passende Möbel zu finden und die Möglichkeiten des eigenen Anbaus einzuschätzen, kann ein Plan helfen. Mit dem Zollstock ist schnell ermittelt, wie groß die Grundfläche ist, wie viele Meter Geländer zur Verfügung stehen, um Balkonkästen sicher aufzuhängen, wo sich der optimale Platz für die Sitzecke oder den Balkontisch befindet.

PLATZBEDARF DER PFLANZEN

So glücklich der Geschmack der eigenen Ernte macht, so unglücklich wird man, wenn der Platz zum Sitzen schwindet. Bei aller Freude über die eigene Ernte muss auch ein wenig Platz für dich übrig bleiben. Sonst wächst dir die Himbeere vielleicht über den Kopf oder die Blätter der

Zucchini lassen dich keinen Fuß mehr auf die Erde bekommen. Achtet bei der Planung unbedingt auf die verschiedenen Wuchshöhen und -arten.

TIPP

Behalte im Hinterkopf, dass du auch Laufwege sowie Stauraum für Gartenwerkzeuge, Blumenerde usw. benötigst.

DIE BALKONAUSRICHTUNG

Nicht allein die Größe eures Balkons entscheidet über die Möglichkeiten des Anbaus; wichtig sind vor allem die Lichtverhältnisse, die sich dort bieten. Zuerst solltest du die Himmelsrichtung ermitteln, nach der dein Balkon ausgerichtet ist. Denn diese zeigt, wie viel Licht den Standort erreichen wird. Zum anderen kann es das Haus gegenüber oder die hohe Tanne sein, die ihn stark beschattet. Den Sonnenverlauf auf dem Balkon solltest du zu den verschiedenen Tages- und Jahreszeiten genau beobachten, um einschätzen zu können, ob die Pflanzen im **Schatten, Halbschatten** oder in der **Sonne** wachsen werden.

SONNENKINDER UND SCHATTENPARKER

Pflanzen sollten passend zum Standort ausgesucht werden. An einem Ort, der ihren Bedürfnissen entspricht, können sie sich kräftig und gesund entwickeln. Solche, die sich in der Sonne wohlfühlen, stellt man besser nicht an einen schattigen Platz. Genauso wenig werden Schatten liebende Pflanzen gut an einer Stelle in der vollen Sonne gedeihen. Auf dem Stecketikett sind die Lichtbedürfnisse der Pflanzen meist angegeben. Prüfe vor dem Kauf, ob dein Balkon diese Ansprüche überwiegend erfüllt.

NO RISK, NO FUN!

Pflanzen haben einen gewissen Toleranzbereich: Arten, die eigentlich im Halbschatten gedeihen, kommen oft mit etwas mehr Sonne zurecht, wenn sie dafür gut mit Wasser versorgt werden. Wenn du deiner Lieblingspflanze zumindest annähernd gute Bedingungen bieten kannst, belohnt sie vielleicht deinen Mut. Ein Gärtner wächst mit seinen persönlichen Erfahrungen!

NORDBALKON – ERFRISCHEND KÜHL!

An heißen Sommertagen herrschen an diesem schattigen Platz trotz großer Hitze angenehme Temperaturen. Wenn der Balkon tagsüber zumindest von ein paar Sonnenstrahlen erreicht wird, lassen sich Pflanzen finden, denen wenig Licht zum Wachsen genügt. Da das Wasser im Schatten langsamer verdunstet, musst du hier meist weniger gießen. Vor dem Wässern solltest du deshalb besser mit dem Finger prüfen, ob die Erde noch ausreichend feucht ist.

Geeignete Pflanzen: z. B. Bärlauch, Waldmeister, Walderdbeeren

SÜDBALKON – SONNE SATT!

Hier wird unter extremen Bedingungen gegärtnert. Auf Dachterrassen oder auf nach Süden hin ausgerichteten Balkonen sind die Pflanzen oft völlig ungeschützt der Sonne ausgesetzt. Regelmäßiges Gießen ist hier besonders wichtig. Ein Segel schützt die Pflanzen vor direkter Sonne.

Geeignete Pflanzen: z. B. Rosmarin, Thymian, Salbei, Tomate, Lavendel, Obstgehölze

OST- ODER WESTBALKON – GUT GELEGEN!

Als halbschattig werden Standorte bezeichnet, die sich zwar für einige Stunden am Tag in der Sonne befinden, den restlichen Tag über aber im Schatten liegen. Balkone an der Ost- oder Westseite eines Hauses bieten mit diesen ausgeglichenen Lichtverhältnissen besonders vielen Pflanzen ein optimales Zuhause.

Geeignete Pflanzen: z. B. Minze, Zitronenmelisse, Petersilie, Mangold, Kapuzinerkresse, Katzenminze, Salate, Schnittlauch

STIL- UND FARBKONZEPT

Bevor es an die Auswahl der Pflanzen, Möbel und Dekoration geht, solltest du dein individuelles Stil- und Farbkonzept festlegen. Erstelle ein Moodboard – entweder ganz klassisch, indem du Bilder aus Zeitschriften ausschneidest und auf einem Bogen Pappe zu einer Collage aufklebst oder indem du ein Pinterest Board anlegst. Speichere dir Bilder ab, die dich spontan ansprechen. So findest du heraus, in welche Gestaltungsrichtung du gehen möchtest und welcher Stil am besten zu deinem persönlichen Geschmack passt. Magst du es bunt und auffällig oder eher schlicht und minimalistisch? Eher schick und modern oder gerne im Retrolook? Welche Farben, Muster und Materialien gefallen dir?

FARBEN KOMBINIEREN

Farben drücken Stimmungen aus und wollen gezielt eingesetzt werden. Mache dir zunächst ein Bild davon, welche Farben bereits auf deiner Terrasse oder deinem Balkon vorhanden sind, zum Beispiel durch den Bodenbelag, die Hauswände, das Balkongeländer oder die Überdachung. Sie bilden den farblichen Rahmen.

Nun geht es darum, welche Farben miteinander harmonieren und welche Möbel und Accessoires die passenden Akzente setzen.

Warme Erdtöne wie Rostrot, Braun, Orange, Beige oder Ocker schaffen eine gemütliche und wohlig kuschelige Atmosphäre. **Kalte Farben** wie Türkis, Grün und Blau wirken hingegen eher klar und erfrischend.

Vermeide die Kombination zu vieler unterschiedlicher Farben, Materialien und Muster, denn das erzeugt einen unruhigen Gesamteindruck.

ATMOSPHÄRE SCHAFFEN

Windlichter, Lampions, eine schöne Gießkanne aus Zink, Übertöpfe, Kissen und Decken, Makramee-Hängeampeln oder Traumfänger füllen deinen Außenbereich mit Leben und sorgen für Wohnlichkeit. Behalte dein Stil- und Farbkonzept bei der Auswahl der Deko im Hinterkopf und stimme Accessoires so ab, dass am Ende ein harmonisches Gesamtbild entsteht. Ab S. 26 findest du in diesem Buch einige Anleitungen für kreative Balkondeko.

BOHEMIAN	Rattanmöbel, bunte Ethnoteppiche, Traumfänger und Makramee-Deko
SKANDINAVISCH MINIMALISTISCH	klare Formen und dezente Deko
ORIENTALISCH	bunte Sitzkissen, Windspiele und marokkanische Laternen
MEDITERRAN	Terrakotta, Steinelemente, viele Kräuter und warme Farben
VINTAGE	allerhand Secondhand-Schätze vom Trödelmarkt
ART NOUVEAU (FRANZÖSISCHER JUGENDSTIL)	verschnörkelte Eisenmöbel und filigrane Elemente

PLATZ GESCHICKT NUTZEN

Auf einem Balkon ist Platz rar und jeder Meter am Geländer gezählt. Weitere Stellflächen auf kleinem Raum lassen sich mit Podesten schaffen. Verschiedene Ebenen tragen optisch zur Gestaltung bei und bieten den Pflanzen mehr Licht als auf dem Boden. Kreative Lösungen lassen sich mit etwas Fantasie im eigenen Haushalt oder im Trödelladen finden: selbst gebaute Regale aus Weinkisten, kleine Hocker oder ausgediente Stühle, nostalgische Schränkchen, bei denen man die Schubladen aufziehen und bepflanzen kann, oder ein alter Baumstumpf fungieren gleichzeitig als Abstellfläche und Dekoelement.

TOPFTURM

Was die Kräuterspirale im Garten ist, ist der Kräuterturm auf dem Balkon! Ein Turm aus Tontöpfen, die von einer Stange gehalten werden, eignet sich ausgezeichnet für Kräuter. Dafür benötigst du 4–6 unterschiedlich große Tontöpfe. Die Basis bildet dabei der größte Topf mit einem Durchmesser von etwa 30–40 cm. Zunächst wird ein Bambus- oder Metallstab in den untersten, mit Erde gefüllten Topf gesteckt. Dann werden Schritt für Schritt die kleineren Töpfe der Größe nach darauf gestapelt und mit Erde gefüllt. Damit das Gießwasser gut ablaufen kann, füllst du als Drainageschicht einige Zentimeter hoch Kies bzw. Steinchen in jeden Topf.

PFLANZENLEITER

Wer im Keller oder auf dem Flohmarkt eine alte Holzleiter aufstöbert, kann vielfältig in der Vertikalen gärtnern. Wenn die Sprossen ausreichend breit sind, kannst du Töpfe, Dosen oder verschiedene andere Upcycling-Gefäße daraufstellen. Oder du befestigst PET-Flaschen als Pflanzgefäße daran: Die sauberen Flaschen werden zugeschraubt und an der Oberseite mit einem rechteckigen Loch versehen. Kleine Abflusslöcher auf der Unterseite nicht vergessen!

DAS PALETTENBEET

Das Bepflanzen von Paletten gehört für viele Stadtgärtner auf Balkonen und in Gemeinschaftsgärten schon zu den Klassikern des vertikalen Gärtnerns. Die Palette lässt sich ohne großen Aufwand in ein platzsparendes Beet umbauen, in dem sich Erdbeeren und Kräuter wohlfühlen.

EIN HOCH AUFS BEET!

Für ein echtes Hochbeet benötigt man eher eine große Dachterrasse als einen kleinen Stadtbalkon. Wenn du trotzdem ein Hochbeet auf dem Balkon aufbauen möchtest, frage vorher beim Vermieter nach der Traglast des Balkons und entscheide dich am besten für ein Tischhochbeet. Diese Modelle sind leichter und bieten unterhalb des Pflanzkastens Stauraum. Als selbst gebaute Alternative eignen sich gestapelte Bäcker- oder Weinkisten. Ein solches improvisiertes Modell bietet nicht nur mehr Platz für Pflanzen als ein schmaler Kasten, sondern ermöglicht dir zugleich rückenschonendes Arbeiten.

DIY: MINI-HOCHBEET

Der Anbau in Hochbeeten ist total angesagt. Für Balkongärtner*innen geht es vor allem darum, die Pflanzen erhöht anzubauen und ihnen dadurch möglichst viel Licht zukommen zu lassen. In Mini-Hochbeeten haben Salate, Paprika, Buschtomaten oder Kräuter Platz.

DAS BENÖTIGST DU

MATERIAL

» 2 Holzkisten 40×30 cm
» 8 Design-Tischbeine
» Akkuschrauber
» Schrauben
» Jutesack
» Tacker
» Schere
» Öko-Unkrautvlies
» 40 Liter Dachgartensubstrat
» 30 Liter Erde

SO WIRD'S GEMACHT

1 Schraube die Tischbeine, die es im Baummarkt oder Onlinehandel gibt, auf die Unterseite der Holzkiste. Es geht einfacher, wenn man dabei Hilfe hat und die zweite Person die Tischbeine festhält.

2 Trenne den Jutesack mit der Schere auf, sodass du zwei Teile erhältst. Der dicke Stoff des Kaffeesacks reicht für zwei Hochbeete. Die Jute schützt das Holz vor Verrottung, die Erde kann nicht herausfallen und es sieht schön aus! Anschließend den Sack mit dem Tacker an den Seiten und Ecken befestigen.

3 Wer möchte, kann zusätzlich noch ein Öko-Unkrautvlies einarbeiten. Das erhöht die Lebensdauer des Jutesacks und somit auch der Kiste nochmals.

4 Die Hälfte des Beetes kann nun mit dem Dachgartensubstrat gefüllt werden. Dieses verhindert, dass die Erde bereits unter dem Jahr stark absackt und sich zersetzt. Es dient zudem als Drainage und wirkt Staunässe entgegen. Die restliche Hälfte wird mit Bio-Gemüseerde aufgeschüttet.

HINWEIS

Achte bei den Holzkisten darauf, dass diese nur wenige bzw. ganz kleine Löcher haben. Andernfalls rieselt die feine Erde wieder heraus. Als Notlösung kannst du ein altes Bettlaken in die Kiste legen.

DOSEN, KÄSTEN, TÖPFE: KREATIVE PFLANZGEFÄSSE

Sicher spielt bei der Gefäßwahl der vorhandene Platz eine genauso große Rolle wie der persönliche Geschmack. Doch ob bunt oder dezent, rund oder eckig: Beim Aussuchen von Größe und Form der Gefäße sollten die individuellen Bedürfnisse der unterschiedlichen Pflanzen immer an erster Stelle stehen. Die Wahl der Gefäße richtet sich nach dem Wuchs, der Wurzeltiefe sowie dem Nährstoffbedarf der Pflanzen. Rote Bete oder Möhren benötigen z. B. ausreichend Beinfreiheit von mindestens 40 cm. Radieschen und Salat kommen hingegen mit 15–20 cm Erde aus und sind auch in flacheren Töpfen oder Balkonkästen gut aufgehoben. Hohe, ausladend wachsende Pflanzen bringt man am besten in einem größeren Gefäß unter.

KÄSTEN MIT DEM GEWISSEN ETWAS

Balkonkästen für das Geländer gibt es in verschiedenen Größen, Farben und Formen. Es lohnt sich, in Kästen mit einem Wasserspeicher und größerem Fassungsvermögen zu investieren. Diese sind zwar etwas teurer, zahlen sich aber aus. Über den integrierten Speicher werden die Pflanzen mit Wasser versorgt, sodass du deutlich seltener gießen musst. Pflücksalate und Erdbeeren sind je nach Witterung bis zu einer Woche mit Wasser aus dem Speicher versorgt.

LOW BUDGET

Alte Milchkannen, Nudelsiebe, Kellen oder Kaffeefilter aus Porzellan lassen sich im Handumdrehen in Pflanzgefäße verwandeln. Haben sie nicht von „Natur aus" Löcher, aus denen

Gießwasser abfließen kann, muss man sie entsprechend präparieren. Mit Abflusslöchern versehene Bälle oder Schuhe können ebenfalls bepflanzt werden. Nostalgische Blechdosen sind für einen Küchenbalkon eine der schönsten Möglichkeiten, Kräuter und Gemüse anzubauen. Ganz nebenbei schonst du deinen Geldbeutel und verwertest Verpackungen wieder.

WEITERE IDEEN

» **Wein- oder Champagnerkisten** eignen sich ausgezeichnet z. B. zum Anbau von Radieschen. Um sie wetterfest zu machen, sollte man die Kisten ölen.

» **Terrakottatöpfe** aus gebranntem Ton sind Klassiker und das aus gutem Grund: Den Pflanzen bieten sie mit ihrer durchlässigen Oberfläche ein angenehmes Klima an den Wurzeln.

» **Säcke und Taschen:** Zum Bepflanzen eignen sich Reissäcke, reißfeste Taschen oder gar der Sack der Pflanzenerde. Wurzeln mögen es dunkel – daher Finger weg von transparenten Plastiktüten!

STAUGEFAHR

Egal, für welches Gefäß du dich entscheidest, es muss dafür gesorgt sein, dass überschüssiges Wasser gut ablaufen kann. Bleibt es im Topf eingeschlossen, bildet sich Staunässe, die Wurzeln fangen an zu faulen und die Ernte fällt leider aus. Wenn du für guten Wasserablauf sorgst, können auch originelle Gefäße, die ursprünglich eine andere Funktion hatten, in ein schönes Zuhause für die Pflanzen verwandelt werden.

DIY: PFLANZEN IN MILCHTÜTEN

Leere Milch- oder Safttüten hast du sicherlich in Hülle und Fülle zu Hause. Anstatt sie in den Müll zu werfen, finden sie als praktische Hängetöpfe eine neue Verwendung in deinem Balkongarten.

DAS BENÖTIGST DU

MATERIAL
» saubere, leere Milchtüten
» Cutter
» hübsche Selbstklebefolie
» Schere
» Kabelbinder
» Erde
» Pflanzen

SO WIRD'S GEMACHT

1 Schneide den oberen Teil der Milchtüte mit einem Cutter ab.
2 Wickle die Selbstklebefolie um die Tüte herum, schneide sie entsprechend ab und klebe sie auf. Ober- und unterhalb der Tüte sollen 2–4 cm Folie überstehen. Schneide die Ecken ein und klappe die Folie an Boden und Öffnung um. Stechen in den Boden einige Abflusslöcher.
3 Je nachdem, woran du die Milchtüte befestigen möchtest, schneidest du Löcher für die Kabelbinder ein. Zum Befestigen an der Balkonbrüstung reichen zwei Löcher für einen Kabelbinder, bei einer vertikalen Stange sollten es vier Löcher für zwei Kabelbinder sein.
4 Ziehe die Kabelbinder durch die Löcher. Nun kannst du die Tüte mit Erde füllen und bepflanzen. Probiere aus, wie es Topftomaten, Chilis, Zitronenverbene oder Ysop darin gefällt.
5 Hänge die Tüten mithilfe der Kabelbinder auf und kürze die überstehenden Enden.

UTENSILIEN UND NÜTZLICHE HELFER

Der Bedarf an Werkzeugen ist überschaubar und nicht alles musst du dir neu anschaffen. Für manche Werkzeuge gibt es auch sehr praktische, günstige und hübsche selbst gemachte Alternativen. Grundsätzlich ist es wichtig, dass du auf hochwertige rostfreie Gerätschaften zurückgreifst.

NÜTZLICHE GARTENHELFER

Gießkanne

Die Gießkanne sollte mindestens 10 Liter fassen, damit du nicht allzu oft hin und her gehen musst. Keine Gießkanne griffbereit? Dann tut es auch ein Messbecher aus der Küche.

Handschaufel

Damit die Erde auch dort landet, wo sie hinsoll, ist eine Schaufel mit geschwungenen Flügeln sinnvoll. Sollte das Budget für Gartengeräte schon ausgeschöpft sein, versuche es mit einem Blumentopf oder einer Suppenkelle.

Gartenschere

Für den Rückschnitt der Kräuter, zum Ernten oder Abschneiden von Verblühtem – eine hochwertige Gartenschere ist auch für den Balkongarten ein unerlässliches Werkzeug.

Pikierstab

Vereinzeln und Wiedereinsetzen von Setzlingen funktioniert mit einem Pikierstab wesentlich leichter als mit der bloßen Hand. Zur Not kannst du stattdessen auch einen stumpfen Bleistift verwenden.

Pflanzunterlage

Damit dein Balkon nicht allzu schmutzig wird, lege bei Pflanz- oder Umtopfaktionen am besten eine Unterlage aus. Das kann ein ausgedienter Bettbezug, ein Handtuch oder ein Jutesack aus dem Gartencenter sein. Zeitungen erfüllen denselben Zweck.

Gartenschnur

Will die Bohnenranke nicht dorthin, wo sie hinsoll, und die Tomaten hängen ständig in die falsche Richtung? Mit einer Gartenschnur ist das Problem im Nu gelöst.

Gartenhandschuhe

Erde unter den Fingernägeln findest du nicht so schick? Schutz bietet deinen Händen ein Paar Gartenhandschuhe. Einweghandschuhe aus der Apotheke können eine gute Alternative darstellen.

DAS SAATGUT MACHT DEN UNTERSCHIED

SAMENFEST VS. HYBRIDE

Wenn du Saatgut kaufst, dann wähle am besten samenfeste Sorten. Das ist Saatgut, welches man selbst vermehren kann. Bei samenfesten Sorten steht nicht der Ertrag an erster Stelle, sondern der Geschmack der jeweiligen Frucht. Dem gegenüber steht das hybride Saatgut. Dieses gibt es im regulären Handel überwiegend zu kaufen. Du erkennst es an der Kennzeichnung „F1". Hybride Sorten sind besonders ertragreich und resistenter gegen Krankheiten, allerdings nur bei der Erstaussaat. Versucht man, im nächsten Jahr das geerntete Saatgut wiederzuverwenden, geht der Ertrag deutlich oder ganz zurück. Das zwingt Hobbygärtner*innen und Landwirte dazu, jedes Jahr neues Saatgut zu kaufen.

TAUSCHGUTBÖRSEN

So viele Samen kannst du gar nicht selbst verwenden? Dann gib die Freude am Gärtnern doch einfach weiter. Verschenke Saatgut an Freunde, Nachbarn und Arbeitskollegen. Mische dich unter Gleichgesinnte und halte Ausschau nach einer Samen-Tauschbörse in deiner Stadt. Im Rahmen einer solchen Veranstaltung können nicht nur Samen, sondern auch jede Menge Erfahrung ausgetauscht werden.

EIGENES SAATGUT ERNTEN

Indem du deine aus samenfestem Saatgut gezogenen Pflanzen nicht komplett aberntest, sondern noch Früchte als Saatgutquelle stehen lässt, wirst du dein eigener Saatgutlieferant. Dadurch spart man nicht nur Geld. Du kannst dir auch sicher sein, im kommenden Gartenjahr die gleiche leckere Paprika zu ernten wie im Jahr zuvor.

SO GEHT'S:

Besonders leicht lassen sich die Samen von Ringelblume, Studentenblume, Kapuzinerkresse, Kosmeen, Jungfer im Grünen, Stockrosen, Kornblumen und Wicken abernten. Schneide die Samenstände vorsichtig von den Pflanzen ab. Damit sich die Samen bis zum nächsten Jahr halten und nicht schimmelig werden, müssen sie gut getrocknet werden. Breite die Samen mitsamt der vertrockneten Blüten auf Küchenpapier aus und lasse diese gut trocknen. Nach ungefähr zehn Tagen sollte jegliche Feuchtigkeit entwichen sein. Dann löst du die Samen aus den vertrockneten Blütenresten heraus.

Natürlich lässt sich auch von Gemüse Saatgut furs nächste Jahr ernten. Im Fruchtfleisch von Tomaten, Zucchini, Kürbissen und Gurken sind die Samen eingebettet. Die Früchte, die uns als Saatgutlieferant dienen, sollten überreif sein, dadurch steigt die Keimfähigkeit. Besonders leicht erhält man die Samen von Bohnen, Paprika und Erbsen. Einfach die Kerne herauslösen und trocknen lassen.

DIE RICHTIGE ERDE

Wie der Mensch benötigen Pflanzen für ein gesundes Leben und Wachstum ein ausgewogenes Nährstoffverhältnis. Eine Standarderde ist für das Gärtnern in Töpfen ausreichend und bietet den Pflanzen eine gute Nährstoffbasis. Das Besondere am Topfgärtnern ist allerdings, dass die Nährstoffe nur in einer begrenzten Menge zur Verfügung stehen. Die Pflanzen können ihre Wurzeln im Topf nicht in tiefere Schichten wachsen lassen, wenn die Nährstoffe knapper werden. Es ist daher wichtig, sie zusätzlich zu versorgen.

STRUKTUR GEBEN

Optimal ist ein Substrat, das die Feuchtigkeit speichert, aber trotzdem durchlässig ist. Die Wurzeln wollen gut mit Wasser versorgt werden, doch gleichzeitig auch atmen können. Damit die Erde beim häufigen Gießen nicht verschlammt, sind in Blumenerde auflockernde Stoffe enthalten, die für eine gute Durchlüftung sorgen.

ERDE KAUFEN

Wer mit einem biologischen Ansatz gärtnert, greift zu einer Erde aus natürlichen Rohstoffen, die rein organisch aufgedüngt ist. Darüber hinaus solltest du auch bei Bioerde darauf achten, dass sie torffrei ist. Zwar sorgt Torf dafür, dass das Substrat eine gute Durchlässigkeit aufweist, der Abbau der Moore zur Torfgewinnung ist aus ökologischer Sicht allerdings ein absolutes Tabu. Hier gibt es gute Alternativen, sodass man durch den Verzicht auf Torf einen entscheidenden Beitrag zum Erhalt der Moorlandschaften und dadurch zum Tier- und Klimaschutz leisten kann.

DIE MENGE MACHT'S!

Erste Orientierung zur benötigten Menge bieten die Angaben zum Volumen auf den Töpfen und Kästen. Vor der Fahrt in das Gartencenter lohnt es sich, einen Blick darauf zu werfen, um die erforderliche Menge zu kalkulieren. Trotzdem: Hat man für den 20 Liter fassenden Topf dieselbe Menge Erde gekauft, wird man oft feststellen, dass das Gefäß nicht voll wird. Ist die lockere Erde leicht angedrückt und gewässert, muss nachgefüllt werden.

VORHANDENE ERDE PIMPEN

Viele wichtige Nährstoffe sind nach einer Saison verbraucht. Würde man in diese Erde nun neue Pflanzen setzen, fehlen ihnen wichtige Stoffe für ein gesundes Wachstum. Dennoch musst du nicht die gesamte Erde der Vorsaison wegwerfen. In der Biotonne muss nur die Erde entsorgt werden, die

» stark durchwurzelt ist – das ist meist in kleineren Töpfen der Fall,
» mit Schädlingen und Pilzkrankheiten betroffene Pflanzen beherbergt hat,
» von Raupen, Fliegen oder Käfern bewohnt wird,
» muffig riecht oder keine krümelige Beschaffenheit mehr aufweist.

Die für gut befundene Erde kannst du sieben, um sie von größeren Bestandteilen und Wurzelresten zu befreien. In einer großen Wanne ergänzt du eine Standarderde und reicherst das Gemisch mit Kompost und organischen Düngern für die neue Saison an.

DIE RICHTIGE MISCHUNG

Am besten servierst du deinen eigenen „Erd-cocktail". Dafür mischst du in einer großen Wanne zwei Teile einer Standard-Bioerde mit einem Teil Kompost und einem Teil Rinden-humus. Die beiden Komponenten erhöhen das Nährstoffangebot und sorgen mit einer durchlässigen Struktur dafür, dass die Pflanzen im Topf gut versorgt sind.

Kompost

Aus Grünabfällen gewonnener Kompost ist ein hervorragender Lieferant für Kalium und Phosphor. Diese Nährelemente machen die Pflanzen widerstandsfähiger gegenüber Krankheiten und sorgen für ein kräftiges Wurzelwachstum. Beziehen kann man ihn über die städtischen Kompostwerke oder Nachbarn und Bekannte.

Rindenhumus

Rindenhumus sollte nicht mit seinem gröbe-ren Bruder Rindenmulch verwechselt werden. Rindenhumus enthält weniger Gerbstoffe als Rindenmulch und dient der Bodenverbesserung. Da er im Gartencenter oft nur in großen Mengen erhältlich ist, sind Blähton, Tongranulat oder Kokosfaser Alternativen für eine gute Durchlässigkeit.

Langzeitdünger

Verfeinere die Erdmischung mit einer Hand-voll Hornspäne. Die Pflanzen werden so mit organischem Langzeitdünger versorgt, der für ausreichend Stickstoff im Boden und da-durch für gutes Wachstum der Pflanzen sorgt. Je feiner das Horn gemahlen wurde – ob zu Mehl, Grieß oder Spänen –, desto schneller entfaltet der Dünger seine Wirkung. Bei Hornspänen ist das nach zwei bis drei Monaten der Fall, also dann, wenn Düngen notwendig wird.

KOMPOST SELBST GEMACHT

Selbst auf kleinstem Raum ist es möglich, Bioab-fälle in hochwertigen Kompost zu verwandeln – dank einer schnell gebauten Wurmkiste. Darin leben fleißige Würmer, die preiswert im Internet zu erhalten sind. Die Kiste wird regelmäßig mit Küchenabfällen bestückt, die von den Würmern innerhalb von etwa 3 Wochen zu krümeligem Kompost umgesetzt werden.

Eine ebenso platzsparende und einfache Alternative ist der Bokashi-Eimer: Darin werden durch einen Fermentationsprozess Küchen-abfälle in Rekordgeschwindigkeit in fruchtbaren Dünger umgesetzt.

ANZUCHT
UND PFLANZUNG

Es spricht natürlich auch nichts dagegen, sich bereits vorgezogene Pflanzen auf dem Markt oder in der Gärtnerei zu kaufen. Es ist jedoch ein ganz neues Erlebnis, eine Tomate zu ernten, die man aus einem klitzekleinen Samen selbst gezogen hat. Über Monate hinweg verfolgt man gespannt ihren Weg bis hin zur ersten erntereifen Frucht.

ANZUCHTERDE

Als Substrat verwendet man spezielle Anzuchterde. Diese ist locker, keimfrei und nährstoffarm. Die zarten Pflänzchen werden angeregt, kräftige Wurzeln auszubilden, um sich mit Nährstoffen und Wasser zu versorgen. Alternativ kannst du Anzuchterde aus Standarderde und Sand im Verhältnis 2:1 selbst herstellen. Sterilisiere dieses Gemisch im Backofen für etwa 45 Minuten bei 120 °C, um mögliche Pilzsporen abzutöten. Zuvor gebrauchte Erde solltest du nicht verwenden.

PIKIEREN

Hat sich nach den allerersten Keimblättern das erste richtige Blattpaar gebildet, ist der Zeitpunkt gekommen, die kräftigsten Pflanzen auszuwählen und zu vereinzeln. Dieses Vereinzeln – damit die Pflanzen nicht zu dicht stehen und sich gegenseitig Licht nehmen – nennt man „Pikieren".

ABHÄRTEN UND AUSPFLANZEN

Ab Mitte Mai kannst du die Setzlinge auspflanzen. Zur Vorbereitung auf Wind, wechselnde Temperaturen und Sonnenlicht im Freien werden die Pflanzen zuvor abgehärtet. Dafür stellst du sie an milden Tagen nach draußen. Da ihr Grün noch sehr zart ist, sind sie im Schatten besser aufgehoben als in der direkten Sonne. Die kühlen Nächte dürfen sie zunächst noch drinnen auf der Fensterbank verbringen.

SO GEHT'S:

» Nach dem Befüllen der Töpfchen die Erde leicht andrücken und befeuchten.

» Die Samen gleichmäßig verteilen, jedoch nicht zu dicht.

» Dunkelkeimer werden anschließend mit einer Erdschicht bedeckt, Lichtkeimer hingegen werden unbedeckt auf die Erdoberfläche gesät.

» Zum vorsichtigen Angießen und weiteren Feuchthalten des Saatguts am besten eine Sprühflasche oder einen feinen Gießaufsatz für Wasserflaschen verwenden, damit die zarten Samen nicht weggeschwemmt werden.

» Um Verwechslungsgefahr vorzubeugen, steckt man in jeden Topf ein Etikett, das mit dem Namen der Pflanze beschriftet ist.

DIY: MINI-GEWÄCHSHAUS

Licht, Wärme und eine hohe Luftfeuchtigkeit lassen die Samen keimen. Diese Verhältnisse schafft man, indem man den Pflanzen ein kleines Gewächshaus baut. Obwohl es die Saat gern warm hat, sollte täglich einmal gelüftet werden, damit keine Pilzkrankheiten entstehen.

DAS BENÖTIGST DU

MATERIAL
- » 2 leere Plastikschalen
- » Anzuchterde
- » Saatgut

SO WIRD'S GEMACHT

1 Fülle die Plastikschale gleichmäßig mit Anzuchterde. Lasse einen Rand von etwa 2 cm frei.

2 Jetzt kann schon ausgesät werden! In diesem Mini-Gewächshaus fühlen sich alle Samen pudelwohl. Egal, ob Mangold oder Ringelblumen.

3 Bedecke die Samen mit einer dünnen Schicht Erde und setze den Deckel auf. Zum Schluss die Aussaat noch mit einem feinen Wasserstrahl anfeuchten.

SO FUNKTIONIERT'S

Stelle das Mini-Gewächshaus auf die Fensterbank. Dank der Abdeckung sammeln sich darin Wärme und Feuchtigkeit. Dadurch keimen die Samen schneller. Auch die Gefahr, dass die Samen austrocknen, ist geringer, da durch die Abdeckung das Wasser nicht verdampfen kann.

PFLANZEN RICHTIG PFLEGEN

DÜNGEN

Etwa acht bis zwölf Wochen nach dem Einpflanzen neigen sich die Nährstoffe in der Erde dem Ende zu. Jetzt gilt es, den Nährstoffhunger der Pflanzen zu stillen. Was den Nährstoffbedarf betrifft, lassen sich Gemüse in drei Gruppen einteilen: Zu den Starkzehrern zählen u.a. Tomate, Zucchini und Kürbis. Sie bilden viele bzw. große Früchte und entziehen dem Boden dafür viele Nährstoffe. Spinat und Paprika sind Mittelzehrer und müssen ebenfalls regelmäßig mit Nährstoffen versorgt werden. Genügsam hingegen sind z.B. Kräuter und Bohnen. Diese sogenannten Schwachzehrer müssen nur mäßig oder gar nicht gedüngt werden.

DÜNGERARTEN

Bei Düngemitteln wird zwischen „organisch" und „mineralisch" unterschieden. Mineralische Dünger enthalten die Nährstoffe in Form von wasserlöslichen Salzen, die direkt von der Pflanze aufgenommen werden können. Sie versprechen schnelle Hilfe bei Mangelerscheinungen. Organische Dünger aus Pflanzenstoffen werden von den Bodenorganismen erst umgewandelt und entfalten ihre Wirkung daher kontinuierlich und über einen längeren Zeitraum, was eine Überdüngung verhindert. Weiter wird unterschieden in „flüssig" und „fest". Während feste Dünger wie Hornspäne oder Kompost als Langzeitdünger meist schon beim Pflanzen beigemischt werden, sind flüssige Dünger zum kurzfristigen Nachdüngen, z.B. im Sommer, geeignet.

WICHTIGE NÄHRSTOFFE

» Stickstoff (N) ist entscheidend für das gesamte Wachstum und wird von den meisten Pflanzen ausschließlich über die Wurzeln aufgenommen.
» Phosphor (P) ist an wesentlichen Stoffwechselprozessen beteiligt. Er sorgt für einen guten Wassertransport, erhöht die Festigkeit der Zellwände und macht die Pflanzen zudem resistenter gegenüber Krankheiten.
» Kalium (K) sorgt bei früchtetragenden Pflanzen für die Ausbildung von Fruchtansätzen und Fruchtreife.

DÜNGER SELBST GEMACHT

Aus Wildkräutern kannst du selbst eine Jauche herstellen, die als Lieferant dieser Nährelemente dient:

Brennnesseljauche erhöht den Stickstoffgehalt in der Erde, der das Längen- und Blattwachstum der Pflanzen fördert. Aus **Ackerschachtelhalm** lässt sich eine Jauche herstellen, die vorbeugend gegen Pilz- und Blatterkrankungen wirkt.

Als Kaliumlieferant zur Kräftigung von Tomaten- und Kartoffelpflanzen eignet sich **Beinwelljauche** besonders gut.

Zur Herstellung der Jauche gibst du etwa 500 g zerkleinerte frische Wildkräuter und 5 l Wasser in einen Eimer und lässt die Mischung für einige Tage mit einem Tuch abgedeckt stehen. Rühre täglich kräftig um. Bei warmen Temperaturen beginnt die Flüssigkeit zu gären und zu blubbern. Sobald sich kein Schaum mehr bildet, kannst du die Jauche abseihen, das ist meist nach etwa zwei Wochen der Fall. Zur Anwendung verdünnst du die Jauche 1:10 mit dem Gießwasser und bringst den Dünger direkt an den Wurzeln aus.

GIESSEN

Besonders im Balkon- bzw. Topfgarten gehört die regelmäßige Wasserversorgung zu den wichtigsten Pflegeaufgaben. Der optimale Zeitpunkt für das Gießen ist in den frühen Morgenstunden. Wenn die Temperaturen noch nicht so hoch sind, dass sie das Wasser direkt wegtrocknen lassen, kann es von den Wurzeln am besten aufgenommen werden. An warmen Sommertagen muss man vor allem kleinere Töpfe abends häufig noch einmal gießen.

Welche Pflanze viel Wasser benötigt und welche eher genügsam ist, wird man nach kurzer Zeit feststellen. Großblättrige Pflanzen benötigen meist mehr Wasser, da sie viel davon über die Blätter verdunsten. Die Ausrichtung des Balkons bzw. der Standort ist ebenfalls entscheidend. Balkongärtner*innen auf Südbalkonen werden in den Sommermonaten ihre Pflanzen gut im Auge behalten müssen; hier trocknet die Erde in Kästen und Töpfen besonders schnell aus. Auch Pflanzen, die dem Wind ausgesetzt sind, müssen häufiger mit Wasser versorgt werden als die auf einem schattigen Nordbalkon.

WASSER SPAREN

Prüfe vor dem Gießen mit dem Finger einige Zentimeter tief, ob die Erde noch ausreichend feucht ist. Beim Gießen sollten die Blätter nicht unnötig nass werden, gieße deshalb ohne den Brauseaufsatz der Gießkanne. Das verringert das Risiko von Pilzbefall und Verbrennungen durch spätere Sonneneinstrahlung. Am besten gießt man langsam und möglichst nah an der Erde, bis das Wasser unten aus dem Topf läuft.

Leider bietet sich auf einem Balkon nur sehr selten die Möglichkeit, Regenwasser zu sammeln. Dennoch lassen sich effektive Wege finden, kostbares Leitungswasser zu sparen. Stellt man z. B. Schalen unter die Pflanzgefäße, kann überschüssiges Gießwasser aufgefangen werden. Sobald der Wurzelballen trocknet, wird das Wasser von der Pflanze nach und nach aufgesogen. Bei Regenwetter sollte sich das Wasser in den Schalen jedoch nicht über längere Zeit anstauen.

URLAUBSVERTRETUNG

Sommerzeit ist Urlaubszeit. Doch wie versorgt man Blumen und Gemüse während der Abwesenheit mit ausreichend Wasser? Für einen Kurztrip übers Wochenende lassen sich einfache Lösungen finden. Ist man jedoch für längere Zeit unterwegs, wird man einen Freund oder Nachbarn bitten müssen, die Urlaubsvertretung zu übernehmen. Vor der Abfahrt sollten die Pflanzen an einen möglichst schattigen Ort auf dem Balkon gestellt und noch einmal kräftig gegossen werden.

AUFTANKEN MIT SYSTEM

Pflanzen in Balkonkästen mit Wassertank sind mit einem gefüllten Speicher für ein paar Tage mit Wasser versorgt. Für Pflanzen in Dosen und Töpfen sind im Handel Tonkegel erhältlich, die mit einer aufgesetzten Wasserflasche in die Topferde gesteckt werden. Über die poröse Tonstruktur geben die Kegel nach und nach das Wasser an die Erde ab. Des Weiteren werden für Topfpflanzen Tropfbewässerungssysteme

(Drip-Systeme) mit Pumpe angeboten. Die „Tropfer", kleine Verteiler mit Düsen, zweigen von einem Schlauch ab und werden in den Töpfen platziert. Mithilfe einer Pumpe wird Wasser aus einem Tank zu den Tropfern geleitet. Praktisch: Über eine integrierte Zeitschaltuhr kann der Zeitpunkt des Gießens bestimmt werden.

NATÜRLICHER PFLANZENSCHUTZ

Teilen sich Beetgärtner und Schnecken das Gemüse, hat der Balkongärtner das große Glück, dass sich diese gefräßigen Tiere nicht auf den Balkon vorwagen. Manch anderem ungebetenen Gast ist allerdings kein Weg zu weit. Sollen Pflanzen und Früchte genießbar bleiben, muss den Schädlingen möglichst schonend ein Riegel vorgeschoben werden.

VORSORGEMASSNAHMEN

Kräftige Pflanzen wachsen vor allem dort, wo sie optimale Standort- und Wachstumsbedingungen finden. Außerdem hilft bedarfsgerechtes Düngen dabei, die Pflanzen gesund zu halten. Bekommen sie zu viele Nährstoffe, bilden sie eher weiche und schwache Triebe, die empfindlicher und anfälliger für Krankheiten und Schädlinge sind. Mit einer vielfältigen Bepflanzung kannst du auch Nützlinge anlocken, die auf natürliche Weise helfen, Schädlinge zu bekämpfen. Marienkäfer, Florfliegen und Schlupfwespen gehören zu den natürlichen Fressfeinden der Blattlaus.

AUSPUTZEN

Vor allem wenn Krankheiten und Schädlinge früh entdeckt und erkannt werden, gibt es einfache und wirkungsvolle Maßnahmen, mit denen euren Pflanzen schonend geholfen werden kann. Das regelmäßige Ausputzen und Entfernen herabgefallener oder abgestorbener Pflanzenteile fördert nicht nur einen kräftigen Wuchs, sondern hilft dabei, Infektionen mit Pilzkrankheiten vorzubeugen. Besonders nach kräftigen

PILZERKRANKUNGEN

Die Blätter von Zucchini- und Kürbispflanzen sind sehr anfällig für Mehltaupilze. Die Sporen des Echten Mehltaus verbreiten sich vor allem bei warmen Temperaturen über die Luft und bilden zunächst auf der Blattoberseite ein Pilzgeflecht. Sind nur wenige Pflanzenteile von dem weißen, mehligen Pilz betroffen, können diese entfernt werden. Ansonsten kann man im Kampf gegen den Pilzbefall ein Gemisch aus Milch und Wasser im Verhältnis von 1:9 ausprobieren. Es wird alle zwei Tage auf die betroffenen Blätter und Pflanzenteile gesprüht.

Regenschauern fangen welke Blüten oder Stängel leicht an zu faulen und sollten deshalb abgeschnitten werden. Die Feuchtigkeit trocknet außerdem schneller ab, wenn die Töpfe nicht zu dicht nebeneinander stehen. Das ist besonders bei pilzanfälligen Arten, wie z. B. Tomaten, wichtig.

SCHÄDLINGEN DEN KAMPF ANSAGEN

Bei geringem Befall kannst du versuchen, Blattläuse unter einem Wasserstrahl abzuspülen. Gelingt das nicht, solltest du zu biologischen Präparaten oder einer Gelbtafel greifen. Gelbtafeln ziehen durch ihre leuchtende Farbe u. a. geflügelte Blattläuse und Trauermücken an, die am Leim der Tafel haften bleiben. Verabreicht man hingegen chemische Präparate, können die Pflanzen oft längere Zeit nicht gegessen werden. Zudem bekämpfen diese Mittel nicht immer nur die Schädlinge, sondern können zugleich den Nützlingen schaden.

DEN BALKON WINTERFEST MACHEN

Auch der schönste Sommer ist irgendwann vorbei, die Tage werden kürzer und das Grün nimmt ab. Damit dein Balkon nächstes Jahr wieder zur grünen Oase wird, geht es ans Überwintern der verschiedenen Pflanzen. Alle, die im Topf draußen bleiben, möchten eingepackt werden: mit Zeitungspapier, Gartenvlies oder Luftpolsterfolie.

WÄRMEPOLSTER

Der überwiegende Teil deiner Pflanzen kann ohne Probleme auf dem Balkon überwintern. Rücke alle Kübel, die nicht zu schwer sind, nah an die Hauswand. Das bietet Schutz vor Wind und Kälte. Zusätzlich darfst du nun deine Verpackungskünste zeigen. Packe die Kübel gut mit Luftpolsterfolie, Gartenvlies, Zeitungspapier oder Jute ein, damit der Wurzelballen nicht durchfriert. Im Gartencenter findest du zudem Gartenvlies und spezielle Hauben. Stellt man die Gefäße etwas erhöht, z. B. auf Holzleisten oder Styropor, hilft das gegen kalte Füße. Bei empfindlichen Gehölzen schützt man die oberirdischen Teile mit Gartenvlies oder Jute, welche gut mit einer Schnur befestigt werden muss. Denke beim Verpacken daran, ein Loch zum Gießen frei zu lassen. Auch im Winter brauchen die Pflanzen gelegentlich Wasser. Gieße nur an frostfreien Tagen.

SENSIBLE PFLÄNZCHEN

Extrem frostempfindliche Pflanzen können nicht im Freien bleiben. Sie verbringen den Winter lieber im kühlen Keller oder im Treppenhaus. Geheizte Räume sind nicht geeignet. Pflanzen, die den Winter im Keller oder in der Garage verbringen sollten, sind Rosmarin, Feigenbäumchen, Kumquat, Geranien, Dahlien, Schmucklilie, Zitronenbäumchen, Fuchsien und Oleander.

BALKONPFLEGE

Doch nicht nur die Pflanzen wollen auf den Winter vorbereitet werden. Sind alle Balkonbewohner gut verpackt und die einjährigen auf dem Kompost oder in der Biotonne entsorgt, sind das Geländer und der Boden überwiegend freigelegt. Eine gute Gelegenheit, um sauber zu machen. Oft sind noch Pflanzenreste an der Brüstung oder es hat sich einfach Schmutz angesammelt. Schrubbe das Geländer mit einer Bürste gut ab. Holzboden ist dankbar für eine Behandlung mit Öl. So sieht er gleich wieder aus wie neu und hält Wind und Wetter besser stand. Balkonmöbel freuen sich ebenfalls über eine gründliche Reinigung und etwas Pflegemittel und werden anschließend im Keller oder auf dem Dachboden verstaut.

DER FRÜHLING KOMMT

Neigt sich der Winter dem Ende zu, werden die Pflanzen langsam wieder an das Klima gewöhnt. An warmen Tagen die Verpackung abnehmen, abends aber wieder leicht überstülpen, falls es nachts noch einmal frostig wird.

Leider klappt es nicht immer, alle Balkonbewohner gut über den Winter zu bringen. Ein gewisser Schwund ist normal. Manchmal ist es aber auch der Fall, dass das ein oder andere Kraut einfach ein wenig mehr Zeit braucht, um aus dem Winterschlaf zu erwachen. Also erst einmal abwarten, bevor du die betreffende Pflanze entsorgst.

DEN BALKON
GESTALTEN

DIY: EIN BALKONBETT BAUEN

Gibt es etwas Gemütlicheres als eine Sitzecke im Freien? Dort kann man sich zurückziehen, die Beine hochlegen, ein gutes Buch lesen, gemeinsam essen oder einfach das süße Nichtstun genießen.

DAS BENÖTIGST DU

MATERIAL
» 12 Weinkisten
» Matratze, 90 × 200 cm
» gemütliche Kissen und Decken

SO WIRD'S GEMACHT

1 Miss die Ecke deines Balkons aus, in welche das Bett kommen soll. So weißt du, wie viele Weinkisten benötigt werden. Für eine Matratze mit 90 × 200 cm sind 12 Kisten nötig. Bei größeren Matratzen brauchst du entsprechend mehr Kisten.
2 Stelle die Weinkisten in Zweierreihen auf und lege anschließend die Matratze darauf.
3 Nun mit Kissen und Decken dekorieren und die Balkonpflanzen schön um das Bett herum drapieren.

TIPP:

Am stabilsten wird das Bett, wenn es in einer Ecke gebaut wird und sich „anlehnen" kann.

DIY: TISCH UND HOCKER AUS GETRÄNKEKISTEN

Sicherlich kennt der ein oder andere das Problem, dass die Getränkekisten ständig im Weg stehen. Aber einfach so auf den Balkon stellen? Das sieht nicht besonders einladend aus. Was aber, wenn aus den Getränkekisten ganz einfach ein Hocker und ein Tisch werden?

DAS BENÖTIGST DU

MATERIAL
» 3 Getränkekisten
» 1 Leimholzplatte, 1,5 cm Dicke
» Zollstock
» Bleistift
» Stichsäge
» 4 Holzleisten
» 240er-Schleifpapier
» 8 Schrauben
» Bohrer
» Farbrolle mit Farbwanne
» Grundierung
» Holzlack

SO WIRD'S GEMACHT

1 Miss die Oberfläche der Getränkekiste, die später als Sitzfläche dienen soll, aus und übertrage die Maße auf die Leimholzplatte. Säge die Platte entlang der aufgezeichneten Maße mit der Stichsäge aus.

2 Damit die Sitzfläche später nicht wackelt, werden zwei Leisten so angepasst, dass sie sich in den Aussparungen der Getränkekisten verankern. Dazu die Holzleiste auf die Aussparung legen, markieren und zurechtschneiden. Um Splitter zu vermeiden, das Holz mit Schleifpapier abschmirgeln. Befestige dann die Leisten mit je zwei Schrauben auf der Unterseite der Platte. Miss die Position genau aus, damit sich die Leisten tatsächlich gut in den Kistenaussparungen verhaken lassen.

3 Um das Holz witterungsfest zu machen, trägst du zuerst eine Grundierung auf. Ist diese getrocknet, kannst du die eigentliche Holzfarbe aufbringen. Falls nötig, mehrmals streichen.

4 Setze die Platte auf die Kiste und fertig ist der Hocker! Für den Tisch gehst du genauso vor, platzierst die Holzplatte aber anstatt auf einer auf zwei übereinander gestellten Getränkekisten.

DIY: EINEN BALKONTEICH ANLEGEN

Mit diesem Miniteich machst du nicht nur dir selbst, sondern auch deinen tierischen Balkonfreunden eine große Freude. Mit wenig Aufwand kannst du ein kleines Pflanzen- und Vogelparadies kreieren.

DAS BENÖTIGST DU

MATERIAL
- » alte Blechschüssel oder Wanne
- » ein paar große Steine
- » Binsen
- » Wasserminze
- » jede Menge frisches Wasser

SO WIRD'S GEMACHT

1 Platziere ein paar Steine in der Wanne. Manche Wasserpflanzen wollen nämlich nicht ganz unter Wasser stehen und brauchen eine leichte Erhöhung, auf der sie sich niederlassen können. Außerdem ist ein Stein eine gute Landestelle für Vögel. Diese können aus dem Miniteich trinken und ein Bad nehmen.

2 Nun werden die Pflanzen hineingesetzt. Falls du Pflanzen in kleinen Töpfen gekauft hast, ist es besser, diese umzutopfen (dazu Teicherde verwenden). So können sie sich den Sommer über gut entwickeln. Als neuer Topf bietet sich z.B. eine leere Erdbeerschale aus Plastik an.

3 Nun heißt es: Wasser marsch! Gieße am Rand der Wanne langsam frisches Wasser ein. So wird wenig Erde aufgewirbelt und der Teich bleibt schön sauber.

4 Nun noch Steine und Pflanzen ein wenig zurechtrücken und fertig ist das Vogel-Planschbecken. Bedenke beim Gießen auch jedes Mal den Teich mit einem kleinen Schluck.

5 Im Winter wird der Teich stillgelegt und gereinigt. Die Wasserpflanzen kommen in einen mit Wasser gefüllten Plastikeimer in den Keller.

DIY: AUFHÄNGUNG FÜR GARTENWERKZEUG

Auf dem Balkon ist leider kein Platz für Gartenhäuschen und Geräteschuppen. Mit dieser platzsparenden Aufhängung nutzt du die Vertikale und hast deine liebsten Gartengeräte stets griffbereit.

DAS BENÖTIGST DU

MATERIAL

» 1x Kantholz in gewünschter Länge (50 mm Breite, 20 mm Stärke)
» Zollstock
» Bleistift
» Akkuschrauber mit Holzbohrer
» 2–3 Schrauben
» Schleifklotz oder Schleifpapier
» 4–6 Wandhaken
» ggf. Bohrmaschine und Dübel
» ggf. Pinsel und Beize, Lack oder Holzlasur

SO WIRD'S GEMACHT

1 Nimm das Kantholz in deiner gewünschten Länge und zeichne ein, an welchen Stellen später Haken eingeschraubt werden sollen. Achte darauf, dass ausreichend Abstand zwischen den Haken bleibt. Am besten legst du dein Gartenwerkzeug nebeneinander und misst daran die passenden Abstände ab. Bohre mithilfe des Akkuschraubers und eines passenden Holzbohrers die Stellen für die Wandhaken vor.

2 Zeichne die Stellen für die Wandbefestigung vor. Meist reicht jeweils eine Schraube rechts und links vollkommen aus. Sollte deine Leiste länger sein, setze eine zusätzliche Schraube in die Mitte.

3 Schleife das Kantholz mit Schleifpapier ab. Wenn du magst, kannst du es anschließend mit Beize, Lackfarbe oder Holzschutzlasur streichen. Nachdem das Holz vollständig getrocknet ist, kannst du die Wandhaken in die vorgebohrten Löcher eindrehen.

4 Befestige die fertige Aufhängung mit den Schrauben an deiner Wand. Bei einer Beton- oder Steinwand musst du die Löcher dafür mit einer Bohrmaschine bohren und Dübel einsetzen.

DIY: VOGELFUTTERSTELLE

Wenn die Böden frieren oder von einer dicken Schneeschicht bedeckt sind, finden bei uns überwinternde Vögel nur schlecht Nahrung. Von November bis Ende Februar macht es deshalb Sinn, das Futterangebot auf Balkon oder Dachterrasse zu erhöhen.

DAS BENÖTIGST DU

MATERIAL
» Kokosfett oder Rindertalg
» Haferflocken
» Sonnenblumenkerne
» ungesalzene Erdnüsse
» Blumentopf aus Ton, Keramikschüssel oder leere halbe Kokosnuss
» kleiner Ast
» Schnur zum Aufhängen

SO WIRD'S GEMACHT

1 Erwärme das Fett in einem Topf, bis es schmilzt. Gib Körner und Nüsse hinzu, bis eine puddingartige Masse entsteht, und rühre kräftig um.

2 Lass die Masse kurz abkühlen und fülle sie in kleine Formen, zum Beispiel Tontöpfe, Keramikschüsseln oder leere Kokosnussschalen ab. Stecke einen Ast in die Masse, um Vögeln später eine Anflugmöglichkeit zu geben.

3 Hänge die Futterglocke mithilfe einer Schnur auf.

DIY: BIENENHOTEL

Mit dieser speziell für Wildbienen konstruierten Nisthilfe bietest du den gefährdeten Arten einen wertvollen Rückzugsort – und dabei ist sie noch ganz schnell gemacht!

DAS BENÖTIGST DU

MATERIAL
- » leere Konservendose
- » Bambusstäbe in verschiedenen Stärken
- » Schleifpapier
- » Säge

SO WIRD'S GEMACHT

1 Säubere die Konservendose und entferne ggf. das Etikett mit Soda. Entgrate die Kante vorsichtig mit Schleifpapier, damit die Bienen sich später nicht verletzen.

2 Miss die Länge der Dose aus und säge die Bambusstäbe etwa 1 cm länger zu. Schleife die Bambusstäbe ebenfalls mit Schleifpapier glatt.

3 Fülle die Dose mit den Bambusstäben und hänge sie an einem vor Regen geschützten Ort auf.

DIY: WINDSPIEL AUS SPIEGELMOSAIK

In einem Windspiel aus kleinen Spiegeln, die wie zarte Tropfen in der Luft schweben, können sich deine Blumen von allen Seiten betrachten und du hast ein außergewöhnliches Dekoelement.

DAS BENÖTIGST DU

MATERIAL
» Nylonschnur
» Spiegelmosaikplättchen in unterschiedlichen Größen (zwischen 0,5–1,5 cm)
» Heißklebepistole
» Bambusstab, etwa 40 cm lang
» Gartenschere
» Gartenschnur

SO WIRD'S GEMACHT

1 Schneide von der Nylonschnur vier unterschiedlich lange Schnüre ab. Lege ein Spiegelmosaikplättchen auf die Schnur, trage Heißkleber auf und klebe ein zweites Plättchen mit der Rückseite darauf, sodass beide an der Schnur befestigt sind. Verfahre mit den übrigen Mosaikplättchen ebenso. Wechsle dabei regelmäßig die Größen und auch die Abstände der Spiegelmosaikplättchen.

2 Schneide den Bambusstab mit der Gartenschere in der Mitte durch. Lege die beiden Stäbe aufeinander und klebe diese in der Mitte mit etwas Heißkleber aneinander. Damit die Klebestelle schöner aussieht, das Kreuz zusätzlich mit Gartenschnur umwickeln.

3 Knote die Nylonschnüre an die vier Enden des fertigen Bambuskreuzes und fertig ist das Windspiel!

DIY: LAMPIONBLUMEN-LICHTERKETTE

Wenn die Tage kürzer und die Abende länger werden, muss schnell für eine alternative Lichtquelle gesorgt werden. Besonders stimmungsvoll und auch ein wenig feenhaft wirkt diese Lichterkette, die im Farbenspiel der gelben und orangefarbenen Physalis erstrahlt.

DAS BENÖTIGST DU

MATERIAL
» Fruchtstand der Physalis
» scharfes Messer
» Lichterkette mit Minileuchten

SO WIRD'S GEMACHT

1 Schneide die Fruchtstände der Physalis (die Lampions) vorsichtig von der Pflanze. Die frischen Früchte lassen sich einfacher verarbeiten, da sie noch biegsam sind.

2 Ritze mit einem scharfen Messer jeweils ein kleines Loch in den Lampion und stecke vorsichtig je eine Birne der Lichterkette in die Öffnung. Und nun Licht an!

DIY: UPCYCLING-TRAUMFÄNGER

Kennst du noch die kleinen, runden Spitzendeckchen, die früher bei Omi den Wohnzimmertisch zierten? Es wäre doch viel zu schade, sie wegzuwerfen. Stattdessen kannst du ihnen auf deinem Balkon ein neues Leben schenken und einen Traumfänger daraus basteln.

DAS BENÖTIGST DU

MATERIAL
» Spitzendeckchen
» Bastelring
» Wolle
» Schere
» optional: Federn, Perlen, Muscheln oder sonstige Deko

SO WIRD'S GEMACHT

1 Je nach Größe des Bastelrings etwa 30–50 gleich lange Wollfäden abschneiden und diese mit einer einfachen Schlaufe dicht an dicht am Ring festknoten.

2 Das Spitzendeckchen mit Wollfäden am Ring befestigen. Achte darauf, dass das Deckchen dabei fest gespannt wird.

3 Nach Belieben kannst du Federn als zusätzlichen Schmuck ins Deckchen verweben oder Perlen und Muscheln mit dünnen Wollfäden anbringen.

4 Verwende einen dickeren oder mehrfach gelegten Wollfaden zur Aufhängung deines Traumfängers an Wand oder Decke.

PFLANZEN FÜR DEN BALKON

AROMATISCHE KRÄUTER UND BUNTE BLÜTEN FÜR DEN BALKON

DIE VIELFALT DER KRÄUTER

Kräuter haben viele Talente! Sie duften herrlich, haben aromatische Würzkraft und heilende Wirkungen. Es gibt eine wunderbare Fülle zu entdecken: z.B. verschiedene Salbeisorten mit betörendem Duft, hübschen Blatt- oder besonderen Blütenfarben oder unterschiedliche Minzen mit schokoladigen bis fruchtigen Aromen.

Da Kräuter meist nicht viel Platz benötigen und ohne komplizierte Pflege auskommen, sind sie optimal für den Balkon geeignet. Den Standort gilt es dennoch zu beachten: Mediterrane Kräuter brauchen mehr Licht und Wärme als hierzulande heimische, die Feuchtigkeit und Halbschatten besser vertragen.

Nadeliger Rosmarin in tiefem Flaschengrün, zartblättriger Kerbel oder frischgrünes Basilikum: Mit unterschiedlichen Blattformen und Grünnuancen schmücken Kräuter deinen Balkonkasten. Pflanzen mit essbaren Blüten sorgen im Kasten für optische und im Salat für geschmackliche Akzente: Mit Kapuzinerkresse, Ringelblume, Borretsch oder Schmuckkörbchen wird die Zierde zum Genuss. Auch lässt sich mit diesen oder anderen Blütenkräutern Säulenobst unterpflanzen, sodass der Platz im Topf optimal genutzt wird. Über diese attraktiven Nahrungsquellen freuen sich natürlich auch Bienen und verschiedenste Insekten.

FRÜHLING

Anfang März geht es endlich los: Mehrjährige Kräuter wie Thymian, Salbei oder Rosmarin können langsam vom Winterschutz befreit und kräftig zurückgeschnitten werden. Die Pflanzen wachsen nach der Verjüngungskur dichter und kompakter nach. Das Substrat in größeren Gefäßen muss nicht jedes Jahr komplett ausgetauscht werden, sollte aber mit frischer Erde und Kompost gemischt werden, bevor in den nächsten Wochen neue Pflanzen einziehen.

AUSSAAT DRINNEN UND DRAUSSEN

Zwischen Ende März und Mitte April können unter anderem Schnittlauch, Petersilie, Ringelblumen, Borretsch und Kapuzinerkresse direkt im Freien, sprich in dem dafür vorgesehenen Kasten oder Topf, ausgesät werden. Das kälteempfindliche Basilikum ziehst du drinnen auf der Fensterbank vor, um ihm einen Wachstumsvorsprung zu geben. Die meisten Kräuter kommen gut in einem Gemisch aus einer Standarderde, Kompost und einer Portion Hornspänen zurecht und bekommen keine spezielle Aussaaterde. Thymian, Rosmarin oder Salbei, die eine eher magere Erde bevorzugen, sät man ohnehin nicht aus, sondern vermehrt sie im Sommer nach Bedarf über Stecklinge (siehe Seite 39).

SOMMER

Im Juni ist der Kräuterkasten in Topform. Erntet man bei Minze, Zitronenmelisse oder auch Estragon ganze Zweige statt einzelne Blätter, verzweigt sich die Pflanze neu, der Ertrag wird gesteigert und die Blütenbildung verzögert. Schnittlauch schneidet man am besten büschelweise kurz über der Erde ab – er treibt wieder neu aus. Bei Ringelblume oder Kapuzinerkresse werden für den Genuss natürlich die Blüten geerntet. Ihre Ernte regt die Pflanze zu neuer Knospenbildung an.

Gießen gehört zu den Hauptaufgaben im Sommer, die Kräuterkästen sollten nie komplett austrocknen. Viele Kräuter haben einen geringen Nährstoffbedarf, doch es gibt Ausnahmen: Für Basilikum, Schnittlauch und Petersilie darf es etwas mehr sein. Hier empfiehlt sich alle drei Wochen die Gabe eines Flüssigdüngers auf natürlicher Basis. Mediterrane Kräuter verwöhnt man nur alle sechs Wochen mit frischen Nährstoffen. Ende August wird gar nicht mehr gedüngt, damit die mehrjährigen Kräuter langsam auf die Winterpause vorbereitet werden.

VORRAT ANLEGEN

Frisch gezupfte Kräuter schmecken am besten. Doch einige sind so wuchsfreudig, dass man nicht weiß, wie man sie komplett verwerten soll. Durch Trocknen kann man sie konservieren und sich kleine Tee- und Gewürzvorräte für den Winter anlegen. Minze, Zitronenverbene, Thymian, Salbei, Kamille und Lavendel sind zum Trocknen gut geeignet. Eine luftdichte Verpackung schützt Kräuter davor, ihre Farbe und ihr Aroma zu verlieren.

HERBST

Ab August ist Zeit, klar Schiff in den Kästen und Töpfen zu machen: Einjährige verblühte Pflanzen wie Ringelblumen, Borretsch oder Kapuzinerkresse können gejätet werden. Wenn du in der nächsten Saison wieder Kapuzinerkresse oder Schnittlauch pflanzen möchtest, kannst du dazu natürlich den Samen deiner eigenen Pflanzen verwenden – vorausgesetzt, du hast samenfestes Saatgut verwendet (siehe Seite 15). Petersilie ist zweijährig, das heißt, sie bildet erst im zweiten Jahr zwischen Juni und Juli ihre doldenförmigen Blüten aus. Die trockenen Samen säst du direkt im August oder September wieder aus. Zwar keimt und wächst Petersilie langsam, doch dafür lässt sich das kältetolerante Kraut in den folgenden Monaten frisch ernten.

WINTER

In den kalten Monaten lässt sich wunderbar die neue Saison planen: Die Zeit kannst du dir mit dem Blättern in Saatgutkatalogen, dem Aufstöbern neuer Töpfe und Gefäße, aber vor allem dem Sortieren des vorhandenen Saatguts vertreiben. Dann steht sicher schon bald der Frühling vor der Tür!

WINTERFEST MACHEN

Wenn die Temperaturen unter 10 °C fallen, ist der Zeitpunkt gekommen, um die nicht winterharten, mehrjährigen Kräuter in ihrem Winterquartier unterzubringen. Ein geeigneter Platz im Haus (siehe Seite 24) muss dabei u.a. für Zitronenverbene, Kardamom und Lorbeer gefunden werden. Im Winterquartier müssen die Pflanzen in den kommenden Monaten regelmäßig auf Schädlinge geprüft und leicht gegossen werden.

Mehrjährige Kräuterstauden wie Minze und Melisse überwintern in ihrem Wurzelstock und treiben im nächsten Frühjahr neu aus. Vor dem Winter werden sie einige Zentimeter über der Erde zurückgeschnitten. Anders verhält es sich bei verholzenden Kräutern wie Rosmarin, Salbei und Lavendel: Sie benötigen das Laub zum Winterschutz und bekommen erst im Frühjahr einen Rückschnitt. Sie sollten zum Kälteschutz zusätzlich mit Vlies abgedeckt werden.

KRÄUTER VERMEHREN

TEILEN

Estragon, Minze oder Zitronenmelisse werden im Topf oder Balkonkasten schnell sehr groß, sodass man durch das Teilen der Pflanzen neuen Platz schafft und ein schönes Mitbringsel für Freunde gewinnt. Der beste Zeitpunkt zum Teilen ist im Frühjahr zwischen April und Mai, bevor die Pflanzen wieder neu austreiben. Dafür gräbt man die Pflanze aus dem Gefäß und sticht sie mit einer Schaufel in kleinere, etwa faustgroße Teile. Bevor man sie wieder einpflanzt, sollte man direkt die Gelegenheit nutzen, um die Wurzeln etwas zu stutzen. Das gibt der Pflanze zusätzlich neue Wachstumsimpulse.

STECKLINGE ZIEHEN

Salbei, Rosmarin oder auch Lavendel lassen sich ab dem Spätsommer durch Stecklinge vermehren. Dafür schneidet man die Triebspitzen vor der Blüte mit einer Gartenschere etwa 7 bis 10 cm lang ab. Die Blätter im unteren Teil werden abgezupft, da dieser in einen mit Anzuchterde gefüllten Topf gesteckt wird. Die Erde sollte immer leicht feucht, jedoch nicht nass gehalten werden. Wenn die Stecklinge nach ein paar Wochen Wurzeln ausgebildet haben, können sie in einen Topf mit einer Standarderde umgepflanzt werden. Minze kann man alternativ zum Teilen im Frühjahr auch über Stecklinge vermehren. Dazu schneidest du die Stecklinge vor der Blüte. Damit die junge Pflanze einen guten Start auf dem Balkon hat, lässt du den Minzsteckling in einem Wasserglas Wurzeln schlagen und topfst ihn dann ein.

KREATIVE PFLANZVORSCHLÄGE FÜR DEN KRÄUTERKASTEN

Salatfix-Kasten

Kräuter lassen Salate zu einem besonderen Geschmackserlebnis werden. Eine schöne Mischung bilden Schnittlauch, Petersilie, Liebstöckel und Kerbel. Wer es etwas schärfer mag, pflanzt Schnittknoblauch.

Bella-Italia-Kasten

Für mediterrane Genüsse pflanzt man Salbei, Thymian, Rosmarin und Oregano an einen sonnigen Platz. Fein gehacktes Olivenkraut verfeinert die Kombination Tomate-Mozzarella auf ungewöhnliche Art.

Asia-Kasten

Um die Aromen des Fernen Ostens nach Hause zu holen, bieten sich Thai-Basilikum, Vietnamesischer Koriander und Pilzkraut an. Currys und Suppen bekommen damit die asiatische Note direkt aus dem Kasten. Wer noch Platz für einen größeren Topf hat, pflanzt Zitronengras oder ein Kaffir-Limettenbäumchen.

Limo-Kasten

Im Sommer gibt es nichts Besseres als ein frisches Getränk mit Zitrusaromen: Dafür pflanzt man Minze, Zitronenverbene oder Zitronenmelisse und Stevia für die Süße.

Suppen-Kasten

Bei allen „Suppenkaspern" sollten Echter Lorbeer, Liebstöckel und Petersilie auf keinen Fall fehlen. Sie sorgen beim Kochen von Brühen und Suppen für die passende Würze.

Teatime-Kasten

Frische Tees sind mit Kamille, Salbei, Minze und Zitronenverbene auch im Sommer ein Genuss. Für den Winter legt man sich einen Vorrat mit getrockneten Kräutern an.

BASILIKUM

Ocimum basilicum

☀	sonnig
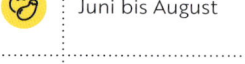	buschig, ca. 40 cm
⊙	einjährig
🏠	Vorkultur ab April
🌸	Juni bis August
💧	mittl. Wasserbedarf, mittl. Nährstoffbedarf

Der Klassiker, das Basilikum 'Genovese', hat besonders große Blätter und ist in den meisten Supermärkten erhältlich. Das Abknipsen der Triebspitzen sorgt für eine reiche Ernte.

GARTENSALBEI

Salvia officinalis

☀	sonnig
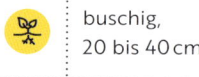	buschig, 20 bis 40 cm
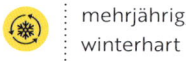	mehrjährig, winterhart
	Stecklinge im Sommer, Direktaussaat ab April
	April bis Oktober
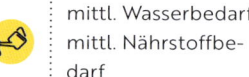	mittl. Wasserbedarf, mittl. Nährstoffbedarf

Manche Salbeiarten, wie der violette Purpursalbei (Salvia officinalis 'Purpurascens') oder der fruchtige Ananassalbei (Salvia rutilans), sind kälteempfindlich und brauchen Winterschutz.

GEWÜRZTHYMIAN

Thymus vulgaris

☀	sonnig
	buschig, 20 bis 30 cm
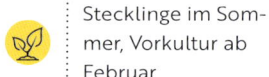	mehrjährig, winterhart
	Stecklinge im Sommer, Vorkultur ab Februar
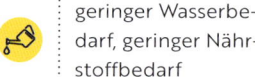	Juni bis September
💧	geringer Wasserbedarf, geringer Nährstoffbedarf

Thymian fühlt sich an warmen, trockenen Standorten besonders wohl. Zitronenthymian (Thymus × citriodorus) hat ein frisches Aroma und schmeckt wunderbar zu Fisch.

LIEBSTÖCKEL

Levisticum officinale

☀	sonnig/halbschattig
🌱	aufrecht, bis 100 cm
❄	mehrjährig, winterhart
✋	teilen im Frühjahr, Direktaussaat März bis April
🌰	Mai bis Oktober
💧	hoher Wasserbedarf, hoher Nährstoffbedarf

Die Pflanze überwintert in ihrem Wurzelstock und hat im Winter keine Blätter. Frisches Grün des Würzkrauts, das auch „Maggikraut" genannt wird, treibt im Frühjahr erneut aus.

MINZE

Mentha

☀	sonnig/halbschattig
🌱	aufrecht, bis 100 cm
❄	mehrjährig, winterhart
🌿	teilen im Frühjahr, Stecklinge im Sommer
🌰	Mai bis Oktober
💧	hoher Wasserbedarf, mittl. Nährstoffbedarf

Mehrere Minzsorten zu probieren lohnt sich! Marokkanische Minze ist durch ihr intensives Aroma gut für Tees geeignet. Süßspeisen lassen sich mit Schokominze verfeinern.

PETERSILIE

Petroselinum crispum

☀	sonnig
🌱	aufrecht, 20 bis 30 cm
❄	zweijährig, winterhart
✋	Direktaussaat ab März
🌰	Mai bis Oktober
💧	mittl. Wasserbedarf, mittl. Nährstoffbedarf

Glatte Petersilie ist aromatischer als krause. Sie keimt langsam, sodass die erste Ernte ein paar Wochen auf sich warten lässt. Bei der Ernte bleibt das Herz der Pflanze stehen, denn daraus treibt sie neu aus.

ROSMARIN

Rosmarinus officinalis

	sonnig
	aufrecht, 30 bis 60 cm
	mehrjährig, braucht Winterschutz
	Stecklinge im Sommer
	ganzjährig
	geringer Wasserbedarf, geringer Nährstoffbedarf

Rosmarin ist in aufrechter und hängend wachsender Form sowie mit unterschiedlichen Blütenfarben erhältlich. Die Blüten ziehen Schmetterlinge und andere Insekten magisch an.

ZITRONENVERBENE

Aloysia triphylla

	sonnig
	aufrecht, bis 100 cm
	mehrjährig, braucht Winterschutz
	Stecklinge im Sommer, teilen im Frühjahr
	Mai bis Oktober
	mittl. Wasserbedarf, mittl. Nährstoffbedarf

Beim Streifen der Blätter entfaltet die Pflanze ihren intensiven Zitronengeruch. Als Tee, in Süßspeisen oder asiatischen Gerichten eignet sie sich sehr gut.

KAPUZINERKRESSE

Tropaeolum majus

	sonnig/halbschattig
	ausladend, 50 bis 300 cm
	einjährig
	Direktaussaat ab Mitte April
	Juni bis September
	mittl. Wasserbedarf, mittl. Nährstoffbedarf

Mit ihren langen Trieben lassen sich Geländer mit essbaren Blüten und Blättern beranken. Oder man wählt eine zwergwüchsige Sorte (Tropaeolum minus), die weniger ausladend wächst.

LAVENDEL

Tropaeolum majus

☀	sonnig
🌱	buschig, 30 bis 60 cm
	mehrjährig, braucht Winterschutz
🌿	Stecklinge im Sommer
🌸	Juni bis August
💧	mittl. Wasserbedarf, geringer Nährstoffbedarf

Der buschige Wuchs lässt sich durch Rückschnitt erhalten. Vor dem Winter wird der Topf mit Jute eingepackt und die Pflanze mit Reisig geschützt.

RINGELBLUME

Calendula officinalis

☀	sonnig
🌱	aufrecht, 40 bis 50 cm
○	einjährig
✋	Direktaussaat ab März
🌸	Juni bis August
💧	mittl. Wasserbedarf, geringer Nährstoffbedarf

Ihren Namen verdankt die Heilpflanze ihren gekrümmten Samen. Schneidet man Verblühtes ab, bildet sie neue Knospen.
Tipp: im Spätsommer einige Blüten zur Saatgutgewinnung stehen lassen.

KAMILLE

Matricaria chamomilla

☀	sonnig
🌱	aufrecht, 40 bis 50 cm
○	einjährig
✋	Direktaussaat ab April
🌸	Juni bis August
💧	geringer Wasserbedarf, geringer Nährstoffbedarf

Die Blüten lassen sich gut trocknen und können im Winter als Erkältungstee aufgebrüht werden. Wer sie nicht selbst anpflanzt, findet sie mit etwas Glück an Weg- oder Ackerrändern.

DIY: KRÄUTER-BADESALZ „HAPPINESS"

Immer wieder gibt es Tage, an denen man sich schlapp und müde fühlt. Und wenn dann auch noch das Wetter verrückt spielt, ist es am besten, einen Spa-Tag einzulegen! Ein Wannenbad mit dem Wundermittel Zitronenmelisse lindert Kopf- und Magenbeschwerden und erfrischt gleichzeitig die Haut.

DAS BENÖTIGST DU

MATERIAL
» 5 große Blätter Zitronenverbene
» 10 Blätter Zitronenmelisse
» Küchenmesser
» 500 g grobes Meersalz
» luftdicht verschließbares Glas

ZUBEREITUNG

Zerkleinere die Blätter von Zitronenverbene und -melisse und vermenge diese mit dem Salz. Füllen das Badesalz in ein Glas und lasse es zwei Wochen lang stehen, sodass es gut durchziehen kann.

ANWENDUNG

Gib einige Esslöffel Badesalz in das einlaufende Badewasser. Das Salz lässt sich auch als Peeling verwenden. Nimm hierfür eine Handvoll des Salzes und reibe dich damit ab. Schon ist deine Haut wunderbar zart.

REZEPT: MEDITERRANES KRÄUTERÖL

So ein würziges Öl eignet sich prima, um Fleisch- oder Gemüsebratlinge in der Pfanne zuzubereiten. Je nach den eigenen Vorlieben oder denen deiner Gäste kannst du das Rezept ganz leicht an deinen Kräutergarten anpassen.

DAS BENÖTIGST DU

MATERIAL
» Salbei
» Rosmarin
» Pfefferkörner
» Knoblauchzehe, optional
» sterilisierte Glasflasche
» Olivenöl

ZUBEREITUNG

Gib die Kräuter und ein paar Pfefferkörner in eine Flasche. Wer mag, kann noch eine Knoblauchzehe hinzufügen. Gieße alles mit Olivenöl auf.

Lass die Mischung drei Wochen ziehen und nimm anschließend die Kräuter aus dem Öl.

TIPP

Du magst es scharf? Dann ist ein Chiliöl genau das Richtige für dich. Zerkleinere eine getrocknete Chilischote und gib diese in eine Flasche.
Mit Öl aufgießen und drei Wochen ziehen lassen.

DIY: LAVENDELKISSEN

Ein Lavendelkissen kann man immer gebrauchen. Im Kleiderschrank sorgt es für stets frischen Duft und unter dem Kopfkissen hilft es, leichter zur Ruhe zu kommen und gut zu schlafen. Für dieses DIY-Projekt musst du nicht einmal Nadel und Faden herauskramen.

DAS BENÖTIGST DU

MATERIAL
» Lavendelblüten
» Stoffrest (oder schönes Stofftaschentuch)
» Schere
» hübsches Stoffband

SO GEHT'S

1 Entferne die Lavendelblüten von den Stängeln.
2 Schneide ein Quadrat aus dem Stoffrest zurecht.
3 Lege die Lavendelblüten auf den Stoff und binde das Duftpäckchen mit dem Stoffband zu.

REZEPT: BLÜTEN-BOWLE

Diese sommerliche Bowle ist der perfekte Start für einen gemütlichen Mädelsabend oder eine spritzige Erfrischung an einem heißen Sommertag. Die bunten Blüten sind ein toller Hingucker!

DAS BENÖTIGST DU

MATERIAL

» Karaffe, Krug oder Bowleschüssel
» 2 Handvoll bunt gemischte Blüten, z. B. Gänseblümchen, Thymianblüte, Tagetes, Rosenblütenblätter, Borretschblüten, Lavendeblüten, Ringelblumenblüten, Kamilleblüten
» ½ Liter Apfelsaft
» ½ Liter trockener (alkoholfreier) Sekt
» etwas Mineralwasser, nach Belieben
» Blüteneiswürfel

SO GEHT'S

1 Für die Blüteneiswürfel frierst du kleingezupfte Blüten mit etwas Wasser in Eiswürfelformen ein.
2 Für die Bowle schüttelst du die Blüten vorsichtig aus und gibst diese in ein Bowleglas oder eine Karaffe.
3 Gieße das Gefäß mit ½ Liter Apfelsaft und ½ Liter Sekt auf. Wer mag, kann noch Mineralwasser dazugeben.
4 Serviere die Bowle mit Blüteneiswürfeln.

FRISCHES GEMÜSE
AUF KLEINEM RAUM

JUNG, FRISCH, KNACKIG!

Scharfe Radieschen, süßliche Möhren, knackige Gurken – das eigene Gemüse ist nicht vergleichbar mit dem aus dem Supermarkt. Die eigene Aussaat schont dabei den Geldbeutel und lädt ein, die Lieblingssorte zu pflanzen oder mal etwas Neues auszuprobieren: Kohlrabi mit violetter Schale, Mangold mit bunten Stielen, rosa blühende Buschbohnen und gemusterte Tomaten machen jeder hübschen Zierpflanze ernsthaft Konkurrenz. Lass dich in der Gärtnerei von Jungpflanzen oder Saatgut dieses attraktiven Gemüses verführen.

Im Prinzip gedeiht jede Gemüsepflanze im Topf. Wichtig ist, ein Gefäß auszuwählen, das den Bedürfnissen der Pflanzen entspricht. Pastinake, Möhre, Rote Bete oder Meerrettich brauchen Gefäße mit einer Tiefe von etwa 40 cm. Salat, Radieschen und Spinat finden ausreichend Platz im Balkonkasten. Kohlarten benötigen genau wie Kürbisgewächse durch ihren ausladenden Wuchs mehr Platz und ein entsprechend großes Gefäß.

FRÜHLING

VORKULTUR AUF DER FENSTERBANK UND AUSSAAT IM FREIEN

Um den wärmebedürftigen Gemüsepflanzen einen Wachstumsvorsprung zu geben, zieht man Tomaten, Paprika und Chili ab Ende Februar/Anfang März auf der Fensterbank vor (siehe Seite 18). Im April folgen dann Kürbisgewächse wie Gurke und Zucchini. Zahlreiche Sorten benötigen keine Vorkultur, da sie weniger Wärme für Keimung und Wachstum brauchen. Für die Direktaussaat ab März eignen sich z. B. Radieschen, Möhren und Salate; im April folgen Mangold, Rote Bete und Erbsen, bevor ab Mai Busch- oder Stangenbohnen gesät werden können.

ERDE AUFDÜNGEN

Pflanzen in größeren Gefäßen freuen sich über frische Erde und Dünger. Zwar musst du in den voluminöseren Gefäßen nicht jedes Jahr die komplette Erde austauschen, doch sind die Nährstoffe aus der letzten Saison nun sicher verbraucht. Mehrjährigem Gemüse wie dem hungrigen Rhabarber solltest du Hornspäne und Kompost unter die Erde mischen.

KARTOFFELN IN TASCHEN

Sogar Kartoffeln lassen sich auf dem Balkon in großen Säcken anbauen. Dafür lässt man Saat- oder Speisekartoffeln im März vorkeimen. Sobald die Knollen etwa 2 cm lange Triebe ausgebildet haben, pflanzt man sie in einen Sack. Pro Sack mit einem Volumen von 50 Litern können zwei bis drei Saatkartoffeln gepflanzt werden.

SOMMER

Im Sommer ist Erntezeit im Gemüsekasten! Bei Mangold und Pflücksalaten lässt man das Herz stehen und erntet lediglich die äußeren Blätter. Die Pflanzen treiben neu aus und verwöhnen mit einer größeren, fortwährenden Ernte. Zucchini und Gurken kannst du dazu anregen, mehr Blüten zu produzieren, indem du die Früchte bereits früh erntest. Die jung geernteten Früchte sind außerdem fester und besser im Geschmack. Im Juli sind dann Paprika und Chili reif: Die Schoten schneidet man mit einer Schere oder einem Messer ab, damit keine Schäden an der Pflanze entstehen.

PFLEGE

Gießen ist das A und O: Für die Fruchtbildung benötigen die Pflanzen eine regelmäßige Wasserversorgung. Verdichtet sich die Erdoberfläche in den Gefäßen, lockert man die Erde mit einem Handrechen oder einer Gabel auf, damit das Wasser wieder gut eindringen kann. Alle Mittel- und Starkzehrer müssen während der Fruchtbildung mit einer regelmäßigen Düngergabe unterstützt werden. Regelmäßiges Kontrollieren der Pflanzen hilft, Krankheiten und Schädlinge frühzeitig zu erkennen. Das Ausputzen abgestorbener Pflanzenteile im Gemüsekasten beugt Krankheiten vor und fördert den Wuchs der Pflanzen. Tomaten, Gurken, Paprika, Aubergine und auch rankende Bohnenarten benötigen ein Gerüst, an dem sie emporklettern können. Dann bilden z. B. Feuerbohnen mit ihren dichten Blättern einen tollen Sichtschutz. Geeignet sind Weidenruten, Bambus- oder Metallstäbe, an die du die Stängel mit Blumendraht anbindest. Alternativ kannst du aus Schnüren ein Rankgitter spannen.

NACHSCHLAG DURCH NACHSAAT

Jungpflanzen von Buschbohnen oder Kohlrabi können im Juni und Juli Lücken im Balkonkasten auffüllen. Im August kannst du Spinat, Feldsalat oder Winterportulak säen, um frisches Grün für die Herbsternte heranzuziehen. Hast du zusätzlich Rucola oder Asiasalate ausgesät, können diese je nach Witterung in den kommenden Wintermonaten bzw. im Frühjahr geerntet werden.

PLATZBEDARF

» Für kleine Flächen: Radieschen, Kohlrabi, Mangold, Blutampfer, Salat, Buschbohnen, Rote Bete, Spinat
» Starkwüchsiges Gemüse: Zucchini, Kürbis, Grünkohl, Rhabarber, Kartoffeln
» Hoch wachsendes Gemüse: Stangenbohnen, Erbsen, Gurken, Tomaten, Paprika, Aubergine

HERBST

Im Herbst wird aussortiert: Sobald Mangold und Rote Bete im September abgeerntet sind, kannst du die verbliebenen Pflanzenteile samt Wurzeln aus der Erde ziehen. Das Jäten aller Einjährigen nach der Ernte schafft Platz z.B. für Wintersalate (z.B. Feldsalat, Endivie, Winterportulak). Diese Schwachzehrer kommen in der vorhandenen Erde zurecht – es muss nicht noch mal nachgedüngt werden.

SAATGUT GEWINNEN

Eigenes Saatgut kannst du z.B. von samenfesten Tomaten, Paprika- oder Chilipflanzen gewinnen. Um Saatgut von Salaten zu ernten, muss er zur Blüte kommen. Etwa drei Wochen nach der Blüte können die Salatsamen schließlich geerntet werden. Die Salatblätter könnten zwar noch gegessen werden, schmecken aber nicht mehr gut. Dafür entschädigt die Pflanze aber mit Samen für die nächste Saison.

WINTER

So grau die Wintermonate erscheinen mögen, gibt es doch einiges, mit dem man sich die Zeit bis zum Saisonstart vertreiben kann. Bei einer Tasse Tee aus eigenen Kräutern findet man in Büchern, Magazinen oder Katalogen Inspirationen für die Balkongestaltung der nächsten Saison.

KLASSISCHE WINTERGEMÜSE

Winterzeit ist Kohlzeit! Alle, denen etwas mehr Platz auf dem Balkon zur Verfügung steht, sollten die hübschen und leckeren Gemüsepflanzen ab Mai für die Winterernte kultivieren. Kohl braucht viel Platz und ein standfestes Gefäß. Temperaturen bis −10 °C können dem Kohl nichts anhaben. Niedrige Temperaturen steigern sogar den Zuckergehalt in den Blättern, machen den Kohl aromatischer und weniger bitter.

Spinat, Feldsalat oder Winterportulak kommen zwar auch mit Kälte zurecht, doch sollten ihre Wurzeln nicht im Wechsel einfrieren und auftauen. Bei stark schwankenden Temperaturen und Schnee solltest du daher die Erdoberfläche abdecken und die Töpfe in Vlies einpacken. Aus demselben Grund müssen die Töpfe von mehrjährigen winterharten Gemüsesorten wie Blutampfer oder Rhabarber in Noppenfolie oder Vlies eingepackt werden. An frostfreien Tagen sollten die Pflanzen nach Bedarf leicht gegossen werden.

EXKURS: TOMATEN

Tomaten zählen zu den wohl leckersten und beliebtesten Gemüsesorten, es gibt sie in Form von hochwachsenden Stab- oder kompakt wachsenden Buschtomaten, kleinen Cocktail- oder großen Fleischtomaten, deren Farbspektrum von Gelb, Orange bis Rot über Violett bis hin zu Schwarz reicht. Manche sind dazu gerippt, gestreift oder marmoriert. Vor allem für den, der im Februar oder März eigene Tomaten im Haus vorzieht, bietet sich eine große Sortenvielfalt. Das Sortiment an Jungpflanzen ist im Handel meist deutlich kleiner.

ANZUCHT UND PFLEGE
Die Saat benötigt ausreichend Licht, Temperaturen zwischen 18 und 20 °C und eine beständig feuchte Erde. Damit sich die Sämlinge nicht gegenseitig einengen und im Wachstum einschränken, sollten sie rechtzeitig pikiert (siehe Seite 18) werden. Nach draußen, in einen Topf mit einem Fassungsvermögen von etwa 20 Litern, dürfen die Pflanzen ab Mitte Mai umziehen. Tomaten brauchen einen sonnigen und überdachten Platz, sonst lassen sie sich vor Kraut- und Braunfäule kaum schützen. Diese Pilzerkrankung macht sich bei Feuchtigkeit breit, lässt Blätter sowie Triebe welken und die Pflanze langsam absterben. Stabtomaten, die eine Höhe von bis zu zwei Metern erreichen können, brauchen eine Stütze. Das Herausbrechen kleiner Triebe aus den Blattachseln – das sogenannte Ausgeizen – sorgt außerdem dafür, dass Wasser und Nährstoffe in die Früchte gelangen anstatt in das Laub. Buschtomaten müssen nicht ausgegeizt werden und wachsen sehr viel kompakter als Stabtomaten – einige Sorten werden nur etwa 20 cm hoch.

GIESSEN UND DÜNGEN
Auf Tomatenpflanzen im Kübel muss man ein Auge haben: Sie müssen stets feucht gehalten werden, mögen aber keine Staunässe. Als Starkzehrer entziehen sie der Erde viele Nährstoffe.

Zweimal pro Woche sollten sie einen organischen Flüssigdünger bekommen. Darüber hinaus unterstützen Langzeitdünger wie Hornmehl oder -späne das Wachstum. Brennnessel- oder Beinwelljauche ist zur Stärkung ebenfalls gut geeignet.

ERNTE
Wenn die Früchte aufplatzen, sollten sie entfernt werden, da sie schnell faulen. Am intensivsten schmecken Tomaten, wenn sie am Strauch voll ausgereift sind. Hängen am Ende des Sommers noch Früchte am Strauch, pflückt man sie und lässt sie im Haus abgedunkelt nachreifen. Die Pflanzen haben gut getragen und die Früchte ein tolles Aroma? Du kannst von samenfesten Sorten – Hybriden eignen sich nicht (siehe Seite 35) – selbst Saatgut für das nächste Jahr gewinnen.

TOMATEN FÜR LIEBHABER
Kleine Früchte haben z.B. die robusten Johannisbeertomaten 'Red Currant', 'Golden Currant', 'Snow Berry' oder 'Rote Murmel'.

Bunte Früchte erntet man z.B. von 'Black Cherry', 'Indigo Rose' oder 'Artisan Golden Bumble Bee'.

Formschöne Früchte zieren z.B. ,Dattelwein', ,Yellow Submarine', ,Zahnrad-Tomate', ,Reisetomate' oder ,Corne de Bouc'.

BUSCHBOHNE

Phaseolus vulgaris

☀	sonnig/halbschattig
🌱	buschig, 30 bis 40 cm
◯	einjährig
🖐	Direktaussaat ab Mai
🍠	Juli bis Oktober
💧	geringer Wasserbe- darf, geringer Nähr- stoffbedarf

Da diese Arten nicht ranken, benötigen sie keine Kletter- hilfe und lassen sich gut in Kübeln kultivieren. Unter ihnen gibt es gelbhülsige Wachsbohnen oder rötliche Buschbohnen, die durch ihre Farbe jeden Bohnensalat bunter machen.

FELDSALAT

Valerianella locusta

☀	sonnig
🌱	aufrecht, 12 bis 15 cm
◯	einjährig
🖐	Direktaussaat ab Juli
🍠	September bis März
💧	mittl. Wasserbedarf, geringer Nährstoff- bedarf

Das einstige Ackerwildkraut ist zu einer echten Delika- tesse geworden. Der Winter- salat enthält viele wichtige Vitamine und gedeiht in Reihen gesät ganz ausge- zeichnet im Balkonkasten.

KOHLRABI

Brassica oleracea var. gongylodes

☀	sonnig/halbschattig
🌱	aufrecht, 40 bis 50 cm
◯	einjährig
🖐	Direktaussaat ab April
🍠	Mai bis Oktober
💧	mittl. Wasserbedarf, mittl. Nährstoffbe- darf

Neben grünen und weißen Sorten gibt es violette wie die Sorte 'Azur Star'. Damit sie nicht platzen, muss regelmäßig gegossen werden. Haben die Knollen die Größe eines Tennisballs, wird geerntet.

MANGOLD

Beta vulgaris var. *cicla*

	sonnig/halbschattig
	aufrecht, bis 50 cm
	einjährig
	Direktaussaat April bis Juni
	Juni bis August
	mittl. Wasserbedarf, mittl. Nährstoffbedarf

Werden die Stiele einzeln geschnitten und die Herzblätter nicht beschädigt, lässt er sich lange ernten und wächst nach. Die bunte Mischung 'Bright Lights' bringt Farbe auf Balkon und Teller.

MÖHRE

Daucus carota

	sonnig
	aufrecht, 15 bis 20 cm
	einjährig
	Direktaussaat ab April
	Juli bis November
	mittl. Wasserbedarf, mittl. Nährstoffbedarf

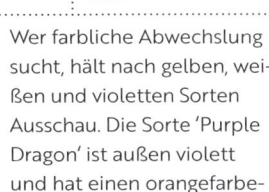

Wer farbliche Abwechslung sucht, hält nach gelben, weißen und violetten Sorten Ausschau. Die Sorte 'Purple Dragon' ist außen violett und hat einen orangefarbenen Kern.

PAPRIKA

Capsicum annuum

	sonnig
	aufrecht, 30 bis 50 cm
	einjährig
	Vorkultur ab Februar
	bis Oktober
	mittl. Wasserbedarf, hoher Nährstoffbedarf

Als Gewürzpaprika gehören Peperoni und Chili ebenfalls zu der Gattung Capsicum. Alle Sorten benötigen viel Wärme, daher stellt man sie am besten an einen sonnigen, warmen und geschützten Platz an der Hauswand.

PFLÜCKSALAT

Lactuca sativa

 sonnig/halbschattig

aufrecht, 15 bis 20 cm

einjährig

Direktaussaat ab April

Mai bis Oktober

mittl. Wasserbedarf, geringer Nährstoffbedarf

Anders als Kopfsalat bildet er eine lose Rosette aus, von der einzelne Blätter geerntet werden können. Auch hier gilt: Erntet man nur die äußeren Blätter, wächst er von innen nach. Die bekanntesten Sorten sind 'Lollo rosso' und 'Lollo bionda'.

TOMATE

Lycopersicon esculentum

 sonnig

aufrecht, bis 250 cm

einjährig

Vorkultur ab März

Juli bis September

hoher Wasserbedarf, hoher Nährstoffbedarf

Für den Anbau in Kübeln besonders gut geeignet sind Strauch- oder Buschtomaten, da sie kompakt wachsen. Diese zwergwüchsigen Pflanzen müssen nicht ausgegeizt werden. Unter ihnen gibt es auch eine Auswahl an gemusterten und bunten Sorten.

ECHTER SPINAT

Spinacia oleracea

 sonnig/halbschattig

rosettenartig, 20 bis 30 cm

einjährig

Direktaussaat ab März und ab August

Mai bis Juni/September bis November

mittl. Wasserbedarf, mittl. Nährstoffbedarf

Spinat kann im Frühjahr schon nach wenigen Wochen als „Babyleaf" geerntet und in Salaten und Smoothies verwendet werden. Winterspinat wird ab August gesät und gedeiht auch bei Frost.

RADIESCHEN

Raphanus sativus var. sativus

	sonnig
	aufrecht, 15 bis 20 cm
	einjährig
	Direktaussaat ab März
	ab Mitte April
	mittl. Wasserbedarf, mittl. Nährstoffbedarf

Die Pflanzen benötigen ausreichend Platz, um dicke Knollen auszubilden. Deshalb muss die Saat nach der Keimung ausgedünnt werden. Die zarten Pflänzchen sind schon die erste Ernte: Bereits als Keimlinge bringen Radieschen Würze in den Salat.

ROTE BEETE

Beta vulgaris

	sonnig/halbschattig
	aufrecht, 15 bis 20 cm
	einjährig
	Direktaussaat ab Mitte April
	Juli bis Oktober
	hoher Wasserbedarf, mittl. Nährstoffbedarf

Neben der Knolle eignet sich auch das junge Grün zum Verzehr. Als Baby-Beten schmecken die kleinen Roten Rüben besonders zart: Mit der Ernte daher besser nicht zu lange warten.

WILDE RAUKE

Diplotaxis tenuifolia

	sonnig
	aufrecht, 10 bis 15 cm
	mehrjährig, winterhart
	Direktaussaat März bis August
	Juni bis Oktober
	mittl. Wasserbedarf, geringer Nährstoffbedarf

Im Gegensatz zur Salatrauke ist die Wilde Rauke mehrjährig und noch pikanter im Geschmack. Auf stickstoffhaltige Dünger sollte wegen des Gehalts an Nitrat in den Blättern verzichtet werden.

REZEPT: SELBST GEMACHTES SUPPENPULVER

Zwar gibt es Pulver für Brühe günstig zu kaufen, jedoch weiß man nie so genau, was eigentlich alles darin enthalten ist. Gerade, wenn du auf künstliche Zusatzstoffe verzichten möchtest, ist Selbstgemachtes immer noch am sinnvollsten. Mit ein paar Zutaten ist diese Basis für Suppen schnell gemacht.

DAS BENÖTIGST DU

MATERIAL
» 2–3 Karotten
» 1 Stange Lauch
» 5 Stängel Petersilie
» 1 rote Zwiebel
» 3 getrocknete Tomaten
» ½ Knollensellerie
» Meersalz
» Küchenmesser
» Mixer
» Schraubgläser

SO GEHT'S

Schneide alle Zutaten klein und gib diese zusammen mit dem Meersalz in den Mixer. Das Mischverhältnis von Gemüse und Salz sollte dabei 2:1 betragen. Fülle die fertige Mischung in Schraubgläser und bewahren diese im Kühlschrank auf. Kühl gelagert ist sie 1 Jahr haltbar.

REZEPT: FERMENTIERTE RADIESCHEN

Für die Fermentation von Gemüse braucht man nichts weiter als etwas Salz und Wasser. Zudem kann man zum Verfeinern verschiedene Kräuter und Gewürze hinzugeben. So wird beispielsweise ein Glas mit Radieschen zu einem kulinarischen Geschmackserlebnis!

DAS BENÖTIGST DU

MATERIAL
» 1 Bügelglas, Fassungsvermögen 1 l
» ca. 20 Radieschen
» 1 Knoblauchzehe
» Gewürze, z. B. Koriandersamen oder Dillblüten
» 2 % Salzlake (20 g pro 1 l Wasser)

SO GEHT'S

1 Das Glas, den Löffel sowie den Gummiring des Bügelglases mit kochendem Wasser abspülen.
2 Die Radieschen vom Grün befreien und gut waschen. Sehr große Knollen halbieren. Radieschen eng und dicht ins Glas einfüllen. Knoblauch und Gewürze hinzugeben.
3 Das Glas mit der Salzlake komplett auffüllen und luftdicht verschließen.
4 Nach rund zwei Wochen ist die Fermentation abgeschlossen und du kannst die Radieschen genießen.

OBST AUF DEM BALKON

Auch auf kleinem Raum muss man nicht auf den Anbau von süßem Obst verzichten. Apfel, Birne, Kirsche oder Pfirsich im Topf anzubauen ist dank Züchtungen als Säulen- oder Zwergsorten gut möglich. Um gut zu gedeihen, brauchen die kleinen Bäumchen einen Topf mit einem Volumen von mindestens 20 Litern.

Beerenobst ist ausgesprochen lecker, braucht zum Teil aber auch viel Platz. Die Triebe von Brombeeren und Himbeeren werden bis zu 2,5 m lang. Als Sichtschutz kann man sich diese Eigenschaft zunutze machen, doch eignen sie sich deshalb wohl besser für größere Balkone. Stachel- und Johannisbeeren sind als Busch oder Hochstamm erhältlich. Die Variante als Stämmchen hat den Vorteil, dass darunter noch Kräuter oder Blumen gepflanzt werden können. Ganz wenig Platz brauchen Erdbeeren. Den Pflanzen reicht ein einfacher Blumenkasten zum Wachsen, was sie zum perfekten Naschobst für Balkongärtner macht.

Pflanzen von Kiwi oder Melone beranken das Balkongeländer und bringen einen Hauch Exotik in den Balkongarten. Ob Physalis, Gojibeeren oder Cranberrys: Vielen der angesagten Superfrüchte kannst du in einem Topf ein ausreichend großes Zuhause geben.

Für mediterranes Flair sorgen Zitrusbäumchen. Die Pflanzen von Zitrone, Limette, Mandarine oder auch Kumquat lieben einen Platz auf dem sonnigen Südbalkon.

FRÜHLING

Im Februar oder März werden Johannisbeere und Stachelbeere an einem frostfreien Tag zurückgeschnitten und ausgelichtet. Schneide alle Zweige ab, die älter als drei Jahre und meist dunkler als die übrigen sind. Das schafft Platz für frisches Grün, da die Pflanzen nur an Trieben junger Generationen Früchte bilden. Mische der Erde einen organischen Langzeitdünger bei, um die Pflanzen für die neue Saison zu stärken.

Für den Kauf von Obstgehölzen fährt man am besten in eine Baumschule. Achte beim Kauf auf „selbstbefruchtende" Sorten; diese benötigen keine andere Sorte in der Nähe, die gleichzeitig blüht, da sie ihre Blüten selbst bestäuben können. Die Blüten der Obstbäumchen sehen nicht nur schön aus, sondern bieten Bienen und Insekten zusätzlich eine gute Futterquelle.

ANZUCHT AUF DER FENSTERBANK

Die Saatzeit für Vorkulturen auf der Fensterbank beginnt für Physalis (Andenbeere) im Februar. Im April ist dann die Zeit gekommen, Melonen auf der Fensterbank vorzuziehen. Im Haus vorgezogene Jungpflanzen müssen allmählich an das Sonnenlicht und die Witterung draußen gewöhnt werden. Endgültig ziehen sie bei frostfreiem Wetter im Mai in die Töpfe auf dem Balkon um. Dort gibt man ihnen eine durchlässige, nährstoffreiche Erde und einen warmen Platz in der Sonne.

SOMMER

Im Juni beginnt die Beerenernte: Je länger du mit der Ernte bei Heidelbeeren, Stachelbeeren und Johannisbeeren wartest, desto süßer und aromatischer werden ihre Früchte. Damit sich pralle Früchte bilden können, benötigen Melonen ausreichend Wasser und müssen regelmäßig gedüngt werden. Auch Obstgehölze müssen alle zwei bis drei Wochen mit einem Flüssigdünger gedüngt werden. Vögel sind kleine Leckermäuler, wenn es um Beerenobst geht. Um sie von den tragenden Sträuchern fernzuhalten, kannst du selbst gebastelte Windspiele aus Aluminiumfolie oder Spiegeln (siehe Seite 32) nahe der Sträucher aufhängen. Manche Vögel lassen sich vom reflektierten Sonnenlicht abschrecken.

HERBST

Zwischen August und Oktober werden je nach Sorte Äpfel und Birnen reif. Nach einer Kostprobe weißt du, ob du den Früchten noch ein paar Sonnenstunden gönnen solltest, bevor du sie erntest. Säulenobst benötigt keinen regelmäßigen Schnitt. Lediglich längere Zweige werden auf 10 bis 15 cm zurückgeschnitten, um den kompakten Wuchs zu erhalten. Bei Herbsthimbeeren und Brombeeren kappt man nach der Ernte die Ruten über dem Boden. Heidelbeeren werden nicht geschnitten.

WINTER

Obstgehölze in Kübeln müssen für den Winter auf eine Styroporplatte oder Holzlatten gestellt werden. Die Gefäße umwickelst du mit Jutegewebe oder Noppenfolie. Decke die Erde zusätzlich mit etwas Reisig oder Herbstlaub ab, das bietet einen zusätzlichen Schutz vor Kälte und Verdunstung. Moderates Gießen ist an frostfreien Tagen auch in den Wintermonaten erforderlich. Aprikosenbäumchen blühen bereits recht früh im Jahr. Damit die frühe Blüte erneute Minusgrade und Frost unbeschadet übersteht, solltest du sie mit Vlies schützen, da sonst die Ernte im Sommer ausfällt. Bei Pfirsich-, Apfel- und Birnenbäumchen kannst du dieselben Vorsichtsmaßnahmen ergreifen.

SCHLANKES SÄULENOBST FÜR DEN BALKON

» Äpfel: z. B. Goldcats, Redcats, Jucunda, Rondo, Malini Pronto
» Birnen: z. B. Condo, Decora, Concorde
» Kirschen: z. B. Claudia, Sylvia
» Aprikosen: z. B. Somo, Clarina, Goldfeuer
» Pfirsiche: z. B. Grazia, Aida
» Zwetschgen: z. B. Katinka, Geisenheimer Top

ANDENBEERE

Physalis peruviana

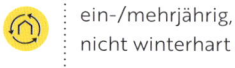	sonnig
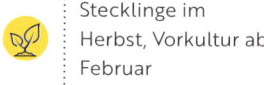	buschig, 50 bis 100 cm
	ein-/mehrjährig, nicht winterhart
	Stecklinge im Herbst, Vorkultur ab Februar
	August bis September
	mittl. Wasserbedarf, mittl. Nährstoffbedarf

Die Beeren reifen in lampionförmigen Kelchblättern heran. Entweder als komplette Pflanze im Kübel oder als Steckling frostfrei überwintern.

APFEL

Malus

	sonnig/halbschattig
	aufrecht, ca. 120 cm
	mehrjährig, winterhart
	Kauf in der Baumschule
	August bis Oktober
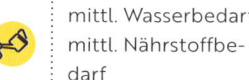	mittl. Wasserbedarf, mittl. Nährstoffbedarf

Für den Balkon eignen sich „Säulenäpfel". Bei ihnen ist in den ersten Jahren kein Rückschnitt nötig. Im Winter wird der Topf mit einem Vlies umwickelt.

ERDBEERE

Fragaria

	sonnig
	buschig, 15 bis 20 cm
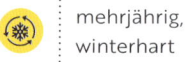	mehrjährig, winterhart
	Ausläufer im Juli
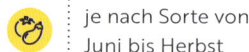	je nach Sorte von Juni bis Herbst
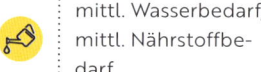	mittl. Wasserbedarf, mittl. Nährstoffbedarf

Monatserdbeeren tragen kleine, aromatische Früchte und sind gut für den Anbau auf dem Balkon geeignet. Monatserdbeeren bilden keine Ausläufer und werden durch Aussaat vermehrt.

HIMBEERE

Rubus idaeus

	sonnig
	aufrecht, 100 bis 200 cm
	mehrjährig, winterhart
	Ausläufer im Frühjahr
	Juli bis September
	hoher Wasserbedarf, mittl. Nährstoffbedarf

Sehr aromatische Früchte tragen Herbsthimbeeren, da ihre Früchte über den Sommer viel Sonne bekommen. Der Rückschnitt der Ruten erfolgt nach der Ernte Ende November auf Bodenhöhe.

JOHANNISBEERE

Ribes

	sonnig/halbschattig
	buschig, ca. 150 cm
	mehrjährig, winterhart
	Steckhölzer im Spätherbst
	Juni bis Juli
	mittl. Wasserbedarf, mittl. Nährstoffbedarf

Für das Kultivieren in Töpfen eignen sich Hochstamm- oder Säulenformen. Die Sonne bestimmt das Aroma der Früchte; je weniger Sonne die Pflanze bekommt, desto saurer sind ihre Früchte.

MELONE

Cucumis melo

	sonnig
	rankend, 100 bis 300 cm
	einjährig
	Vorkultur ab März
	Juli bis Oktober
	hoher Wasserbedarf, hoher Nährstoffbedarf

Melonen brauchen so viel Wärme und Sonne wie möglich. Die Zuckermelone 'Petit gris de Rennes' mit ihren vergleichsweise kleinen Früchten eignet sich für den Anbau im Kübel und ist auf einem warmen und geschützten Balkon einen Versuch wert.

REZEPT: HIMBEERESSIG

Salatdressings oder ein Dessert werden mit Himbeeressig zum Geschmacks-erlebnis. Die leichte Süße mildert die Bitterkeit von bestimmten Blattsala-ten und Rucola perfekt ab und lässt sich gut mit Ziegen- oder Schafskäse kombinieren. Hübsch verpackt, ist er noch dazu ein besonderes Geschenk.

DAS BENÖTIGST DU

MATERIAL
» sterilisierte Glasflasche
» frische Himbeeren
» Weißweinessig

SO GEHT'S

1 Fülle die Flasche bis oben mit Himbeeren. Dann fülle mit Essig auf.
2 Lass die Mischung zwei Wochen lang an einem dunklen Ort stehen. Das Glas einmal täglich leicht schwenken.
3 Nach Ablauf der zwei Wochen seihst du den Essig durch ein Sieb, sodass keine Früchte mehr darin sind.

REZEPT: BROMBEEREIS MIT KANDIERTEN BLÜTEN

Ein dunkelviolettes Brombeereis macht sich nicht nur optisch gut, sondern schmeckt noch dazu hervorragend. Und das alles ganz ohne Eismaschine!

DAS BENÖTIGST DU

MATERIAL
Für die Blüten

» essbare Blüten und Blätter (z. B. Rosen-blütenblätter, Zitronenverbene, Lavendelblüten etc.)
» etwa 70 g Zucker
» 125 ml Wasser

Für das Eis

» 200 g Brombeeren
» 25 g Zucker
» 175 g Naturjoghurt
» 200 ml Sahne

FÜR DIE BLÜTEN

1 Zupfe die Blüten und Blätter vorsichtig von den Pflanzen und schüttle diese leicht aus.
2 Koche 50 g Zucker mit dem Wasser auf und lasse den so entstandenen Sirup abkühlen.
3 Tauche die Blüten einzeln in den Sirup und hole diese mithilfe einer Gabel wieder aus dem Topf. Anschließend legst du die Blüten auf ein mit Backpapier ausgelegtes Blech.
4 Ist der Sirup leicht angetrocknet, bestreust du die Blüten von allen Seiten mit dem restlichen Zucker.

FÜR DAS BROMBEEREIS

1 Wasche die Brombeeren und gib diese in eine Schüssel.
2 Gib Zucker und Naturjoghurt zu den Beeren.
3 Mixe alles gut durch und stelle die Schüssel fünf Stunden lang ins Eisfach.
4 Zum Schluss alles noch mit den kandierten Blüten und etwas geschlagener Sahne hübsch verzieren.

IMPRESSUM

Bibliografische Information der Deutschen Bibliothek.

Die Deutsche Bibliothek verzeichnet diese Publikation in der Deutschen Nationalbibliografie. Detaillierte bibliografische Daten sind im Internet über http://www.dnb.de/ abrufbar.

EIN BUCH DER EDITION MICHAEL FISCHER

1. Auflage 2024

© 2024 Edition Michael Fischer GmbH, Donnersbergstr. 7, 86859 Igling

Covergestaltung: Emilia Nedwidek
Redaktion und Lektorat: Corinna Scherr
Layout: Zoe Mitterhuber
Satz: Anna Obermüller

Texte: Nadja Buchczik (S. 4, 6, 7, 10, 12, 16–18, 20–23, 36–43, 48–55, 58–61), Silvia Appel (S. 11, 13–15, 19, 24, 26–28, 32, 33, 44–47, 56, 57, 62, 63), Julia Lassner und Patrick Endres (S. 8, 9,29–31, 34)

Bilder: © Julia Romeiss (Covermotiv, S. 1), © Nadja Buchczik (S. 2–4, 6, 14, 17 r., 22, 23 r. 37, 38 r., 40 m. + r., 41–43, 48, 49 o., 52 m. + r., 53, 54 m. + l., 55 l., 60 m. + r., 61 m. + r.), © Silvia Appel (S. 11, 13, 17 u., 18, 19, 23 l., 26–28, 32, 33, 44–46, 56, 62), © Daniel Groner (S. 47, 63), © Tim Sonntag (S. 57), © Shutterstock: Valentina Sulovic (S. 8), New Africa (S. 9 o.), stock_studio (S. 9 l.), NeonShot (S. 9 r.), Sunrise Hunter (S. 20), IrinaSol (S. 21), macka (S. 29), Ballygally View Images (S. 30), lcrms (S. 31), Ivan Gorgulenko (S. 34), Altin Osmanaj (S. 36), Nadeene (S. 38 l.), Nattiya (S. 39 o.), Valentina_G (S. 39 u.), JM Fotografie (S. 40 l.), Javier Rosano (S. 49 u.), Iuliia Kudrina (S. 50), Shebeko (S. 51, 52 l.), Sarah Renae Clark (S. 54 r.), Yakimova Elena (S. 55 m.), Kuttelvaserova Stuchelova (S. 55 r.), Shaiith (S. 57), Greens and Blues (S. 58), Heike Rau.

ISBN 978-3-7459-1917-2

Gedruckt bei Polygraf Print, Čapajevova 44, 08001 Prešov, Slowakei

www.emf-verlag.de